商务印书馆(成都)有限责任公司出品

安逸时代的终结
关于奥地利未来的七点论纲

Das Ende der Bequemlichkeit.
7 Thesen zur Zukunft Österreichs

Hannes Androsch
[奥地利] 汉内斯·安德罗施 著
晏扬 译

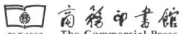

Das Ende der Bequemlichkeit: 7 Thesen zur Zukunft Österreichs
by Hannes Androsch
Copyright © 2013 by Christian Brandstätter Verlag, Wien
Simplified Chinese edition copyright © 2014 Shanghai Sanhui Culture and Press Ltd.
Published by The Commercial Press
Cover photo copyright © Peter Rigaud
All rights reserved.

目录

中文版序 /1

引言
一个无法自动延续的成功故事 /1

1
改革的"上层"推动 /21

2
君主时代的遗产 /39

3
奥地利的邻国：德国和其他 /57

4

民粹主义与民粹思潮 /75

5

数字革命下的教育 /95

6

如何延续奇迹 /115

7

欧洲意识与国家自豪 /133

译后记 /154

中文版序

中国与奥地利在国家大小、地理与政治制度上尽管存在着各种差异,但两国的历史却有着显而易见的相似之处。

第一次鸦片战争与1842年签订《南京条约》以后,中华帝国逐渐失去了政治与经济上的影响力。而奥匈帝国,这个在后拿破仑时代原本是欧洲五个大国之一的国家也在19世纪的进程中丧失其影响。最终,这个多瑙帝国既不能在外贸上与英国或德国抗衡,也不能在军事上保持自身的战斗力,第一次世界大战便是最好的佐证。如同当年的"中央帝国"一样,在某种程度上奥匈帝国也在一个漫长的时期里闭关自守。

拥有5300万人口的奥匈帝国1918年解体,其后成立新的奥地利共和国,人口则仅为650万。相反,早在此前,当孙中山领导下的革命者1911年举起共和大旗时,清王朝即告终结。其后数十年间,两个国家皆陷入动荡、内战与贫困之中。无论是奥地利还是中国,都直到20世纪40年代末期以后才获得政治上的稳定。

第二次世界大战结束后,奥地利共和国取得了令人瞩目的繁荣,从一个"欧洲的贫民院"进入到欧盟最富裕国家的行列。有关这一繁荣,本书已有描述。在1950年开启的"金色年代"里,奥地利经济基本上实现了现代化。70年代中期实施的硬通货方针将奥地利当时的货币先令与德国马克挂钩,从而促使企业不断提升竞争能力。今天,数十家奥地利企业成为其所在领域的世界市场领先者。红牛、施华洛世奇或者多贝玛亚是众多创新型企业的典范,它们的产品遍及世界。

中华人民共和国1949年成立,从1978年开始坚定不移地向世界市场开放。在几乎三十年时间里邓小平实施的改革成功地使得中国经济保持两位数的增长。如此这般的追赶速度在世界上史无前例。21世纪初推出的国际化战略让中国企业越来越多地出现在国际舞台上:从海尔、华为直到阿里巴巴。阿里巴巴这家互联网企业在和美国的超级数据巨头如谷歌、脸谱等展开竞争。

奥中两国取得如此成就的前提是拥有一个和平的环境。伴随着整个经济腾飞过程并没有对外战争。当年联邦德国总理维利·勃兰特的一句名言不仅适用于过往也适用于未来:"和平并非一切,但没有和平便没有一切。"

每一项成功都隐含着一种悖论,即它会诱人陶醉在安逸之中。谁若是取得了诸多巨大成功的话,便容易沉浸其中而沾沾自喜。21世纪世界经济的现实是全球化并高度竞争,这样的姿态显然是极其危险的。

中国和奥地利所做出的历史贡献令人印象深刻。历史书籍中充满了划时代的发明和创造性的发明家。

但是，如今我们正身处这样一个时代，即知识的半衰期日益缩短，数据量每两年便会翻番，躺在以往成就的桂冠上，其后果将十分严重。

今天，整个教育制度，从幼儿园到大学都必须实施改革，改革的宗旨首先是传输面向未来的职业所必备的知识与能力，只有这样，我们所培养的对象才能够立足于不断变化的世界。

坚持现成的结构显然是不合时宜的。当前的趋势是，操作机器要比使用人工更有胜算，而且，机器人的质量保障在日益进步。

今后数十年内数字化将会进一步渗透到所有的生活领域，就其维度而言，数字化所造成的后果尚难逆料。但可以肯定的是，不仅是个人的能力与知识，而且数字化的基础设施将会决定能否利用眼前的机会。如同数量充足的终端设备一样，日益增多的功能强大的宽带入口以及云端计算机网络同样都属于这样的基础设施。这一领域变化的速度如此之快，即使是背靠现有的成果稍作休憩，也会造成严重的后果。

在欧洲,人口老化业已成为现实,这是我们面临的一个特殊的挑战。在中国这一问题则略有滞后,还需要在社会组织结构中寻求新的对策。目前欧洲人口老化的速度之快为其他各洲所不及,据联合国预测,2050年欧洲人口中33%超过60岁(2013年为23%)。中国今天60岁以上的人口占比为14%,然而今后数十年里人口老化的进程甚至会更快:预测从2025年起人口数将会缩减,同欧洲一样到2050年60岁以上的人口将达到三分之一。

依照这一分析,交通道路、居住设施、卫生事业、护理体系以及养老保险都必须重新构建。面对迫切需要改革的退休金制度,欧洲包括奥地利尤其需要付出最大的努力:紧密编织的保障网已经使得广大的社会阶层从中获益,并导致他们产生一种依赖性,相反不会去考虑支撑这一制度的资金来源。其结果就是,战后欧洲最大成就之一的福利国家同样迫切需要改革。

因此,本书可以视为对持续改革的纲领性呼吁,只有这样,20世纪后半叶开启抑或业已实现的巨大成就才不致受到损害,与此同时,我们还可以为新生代留下运作空间。

汉内斯·安德罗施
2014 年 6 月

引言

一个无法自动延续的成功故事

"危机"是当今时代一个令人厌烦的词语。近些年来我们处处都会遭遇到难以估量的形形色色的危机：起先是2007年从美国发端的房地产危机，它导致了世界范围的金融与经济危机，并在很大程度上将一场潜伏经年的国债危机暴露在光天化日之下；接着是欧洲的危机，欧洲原本正忙于为其货币联盟制定新的规则，因而需要新的机制；其间又出现了银行危机、希腊危机、塞浦路斯危机……

这个被滥用的词语所掩盖的远多于其揭示出来的问题。因果关系被淡化，权衡估量遭搁置，现实问题在历史上的归应关系消失殆尽。正因如此，近年来有关危机的醒目标题遮住了人们的视野。如果奥地利的年轻人去读历史书,就会意识到其实奥地利自1945年以来有着几乎令人难以置信的成功历史,从一个贫困国家上升为世界上最富裕的国家之一。

谁若在"二战"结束时穿过维也纳,看到的会是一个废墟上的城市:饥饿的人群,绝望的面孔,当然还有废墟中动手干活的妇女。尽管经历了战争的惨重代价和巨大破坏以及长达十年之久的被占领地位,今天的奥地利在众多经济比较数字上已经处于世界领先地位。就富裕程度而言,我们是世界第11位,在欧洲甚至是第3位。在人均收入上,如果依据基尼系数来衡量,奥地利则是最为均衡的国家之一。在世界百万人口的大城市中,维也纳属于生活质量最高的城市。

经历了经济危机导致的下滑之后,2012年奥地利的出口攀上历史新高,达到1235亿欧元。自2002年以来,奥地利连续实现经常性项目盈余,总额超过700亿欧元。与欧洲大陆其他实力强劲的国民经济体相比,我们在过去几年里发挥超常:甚至连荷兰都预计在2013年会出现自2009年以来的第三次衰退,而迄今为止奥地利国内生产总值仅在2009年出现过衰退。究竟是什么原因导致了这样惊人的上升势头和强劲发展？

与第一共和国的困境相反,那是一个"谁都不想要的国家",它始终挣扎在多瑙君主国崩溃的震荡之下,而1945年之后的奥地利则对国家的生存能力具有绝对的信赖。在纳粹统治下,来自奥地利各个政治营垒的众多政治家们都在集中营里反思并厘清了思路：在达豪或者其他什么恐怖地点产生了其后第二共和国的领导人物：利奥波德·菲格尔、阿方斯·戈尔巴赫、弗里茨·博克、弗朗茨·奥拉、罗莎·约赫曼、卡尔·塞茨以及其他一些人。1934年的内战,奥地利法西斯统治下的经历,民族社会主义以及第二次世界大战,凡此种种导致了政治信念的转变,奠定了一种新的认知的基石。绝不允许忘记的是众多公民,尤其是犹太公民在奥地利被纳粹德国吞并之后遭到杀害或者逃亡。一大批劫后余生者战后幸运地重归家园。

美国国务卿乔治·马歇尔1947年6月5日在其著名的哈佛大学讲演中提出了"欧洲复兴计划",在经济上这是一个为挽救荒芜的旧大陆所实行的通过援助达到自助的巨大项目,尤其对奥地利来说是莫大的恩赐。在1948年到1952年间美国根据马歇尔计划总共提供了124亿美元援助,在全部受援国中奥地利人均受援额为第二,一度占国内生产总值的10%,其中相当份额是以补助的方式而非需偿还的贷款。1945年至1955年间奥地利接受的援助物资总价值超过10亿美元。时至今日,欧洲复兴计划基金在推动经济发展方面仍然扮演着一个有益的角色。与经济相比,更为重要的也许是心理效应,此外朝鲜战争也推动了景气繁荣。

在那铁幕关闭的艰难时代,从外交上来看,马歇尔计划意味着一个新的导向:第二共和国通过与西方经济体系结成一体,选择了外交与经济政策的新方向,抛弃了奥地利传统的东欧与东南欧的势力范围,全面地倒向西方。

鲜为人知的是,其实当时还是存在着选择另外一种方向的可能性:因为美国要求由美国占领当局主管分配援助物资和欧洲复兴计划基金,苏联及其卫星国便拒绝了马歇尔计划,而这一否决意味着对苏联在奥地利的占领区,即东奥地利有效,这也许包括维也纳。然而,接下来的事态发展如同胡戈·波尔蒂施在其值得一读的关于欧洲的书《现在怎么办》中所描述的那样:美国国会通过了欧洲复兴计划法案的一项例外条款,即只有在奥地利的苏占区是由奥地利当局而并非美国占领当局来主管这一计划的实施。这样一来苏联的否决权就此失效,整个奥地利都能够参与马歇尔计划。年轻的第二共和国避免了一次被撕裂的局面。

伴随着外部援助的还有国内深思熟虑的整合过程。在1947年共产党退出政府之后开始执政的大联合政府以及其后设立的社会伙伴机制年复一年地站稳了脚跟。社会伙伴方案被吸收到从1947年至1951年的五个价格与工资的协定之中。对于遭到战争摧毁和拆除工业设备的奥地利经济来说,投资是绝对必要的。对此在社会伙伴中存在着共识。为了激励投资并推动经济增长,工资的增长应低于生产效率的提升。1947年的币制改革支持了这样的决定:由于战时经济的缘故奥地利家庭存有大量货币,为遏制通货膨胀趋势绝大多数货币量被冲销。1953年实施的削减债务措施也发挥了很大的作用。

1950年10月共产党和其他团体发动了反对第四个价格与工资协定的抗议行动,但是连这样的反对行动也根本无法动摇社会共识。奥地利始终坚持着多元、中立与法治国家的民主；这一点在1945年之后的奥地利各州、各个党派和利益团体中得以重新确立。同时这也表明奥地利在很大程度上放弃了建立一个更大奥地利的中欧幻梦，而这一使命感早在20世纪初便已流行。只是在1989年东欧开放后，随着奥地利经济向其昔日世袭领地的积极扩张，这样的幻梦有点死灰复燃之苗头。

70年代中期确立的硬通货政策是改善奥地利竞争能力的关键性步骤。如果没有坚持先令的硬通货地位，奥地利在经济上也许就不可能超越那些类似的现代工业国家。奥地利，这样一个在君主帝国时代无论是在工业化还是世界贸易领域都是迟到者并逐渐地丧失了其作用与地位，在20世纪90年代和21世纪初的十年里，以其外贸占国内生产总值的份额来衡量，却成为居领先地位的出口国。

然而近年来形势在逆转。我们可以从众多国际区位排名比较中看出这种下滑的趋势。在最新的欧盟创新排名中奥地利位列第9，2009年我们还是第6位。在全球创新系数排位里我们最近仅为第23位，2009年则为第15位。瑞士洛桑国际管理发展学院（IMD）的《世界竞争力报告》同样将奥地利排在第23位，这就意味着奥地利在五年内排名下降了13位。在这份区位比较报告的"政府效率"一项里,我们在过去十年中排位急剧下滑。至于研发中心外移的危险,正是瑞士国际管理发展学院对奥地利特别尖锐的评估。面对所有这样的排名产生的质疑,应有的态度是:这些数字必须引起我们的警惕。

早在70年代我们的成功故事的阴影已经开始显现。20世纪最大成就之一——福利国家过于庞大,它的实际效果日渐恶化。有关退休金法的"哈克勒规定"就是一个特别明显的例子。该项法规本应让从事重体力工作的职业群体受益,但事实上它从未覆盖到这一群体,而只是让一些享有特权的公职人员得益。我们的补贴份额是5.4%,是欧盟平均水平的两倍;我们的转移支付份额为34%,是世界最高水平。许多在近几十年里被视为理所当然的安逸享受,今天必须要彻底地反躬自问:永恒的终生年金不可能存在下去。

1956年,即社会保险综合法令生效之年,社保支出(即所有社会保险开支占年度国内生产总值的比例)为16%。1970年该项比例已达到21%,1990年达到26%,2010年则超过了30%。但是迄今为止还存在着贫困现象,这就令人无法理解了。对此只能做如下解释,这就是我们的社保体系在很大程上缺乏效率,那些真正的贫困者并没有抑或没有足够地获得覆盖,与此同时对那些滥用者又显得过于宽容。

尤为令人不安的是各种形形色色提前退休支出的过度增长。三十年前奥地利总共有5万名提前退休者,今天已有65万,面对这一状况,我们所津津乐道的低失业率数据恐怕就不那么值得庆贺了吧。自实行社会保险总法令以来,我们的人均预期寿命增加了20岁,但有效退休年龄则从70年代中期的61岁下降到58岁。明眼人就会看出这其中产生的空白财政上是无法支撑下去的。60年代的人口出生数为13.5万,今天则为7.8万,如果不从根本上改造社保体系,我们的年轻一代将无法承受这一负担。

不仅仅是在国内我们的福利社会已经走到或者可以说超越了临界点:欧盟的国内生产总值占世界份额的25%,但是其仅仅占世界7%多一点的人口却消耗了50%的社会福利。其结果是造成了在全球范围竞争中的巨大弊端,对此政治家们至今仍束手无策。同时这也造成了欧洲内部众多群体之间的巨大不公,例如在公共部门与竞争领域的就业人员之间,在大量支取社会福利费用的一代人与不得不冲销这样的亏空的一代人之间。代际公正看来必须通过代际之间的合约重新塑造。即便是为了维护欧洲的社会安定也要修补这样的失衡状态。从希腊穿过西班牙、葡萄牙和法国直到瑞典的暴力抗议已经足以提醒我们,必须竭尽全力避免这种事态发生在奥地利。

谈到业已取得的福利,我们应该回顾一下以下事实:"二战"以后在奥地利每周工作时间由48小时减少到38小时,而最低休假从两周增加到五周。1955年私人汽车拥有量为15万辆,电话为50万门(其中10万门为小区电话)。奥地利人均储蓄为105欧元。今天汽车的保有量是460万辆。从统计数字看每个奥地利人至少有一部移动电话。每个奥地利居民,从孩童到老人平均拥有1.9万欧元的存款。

我们尤其不应忘记的是,曾经拥有并不意味着对未来的索取:光鲜的经济数据是以往几十年史无前例的经济腾飞的结果,其中并不包含着对今后年代的保证。未来需要重新争取。

除了修复福利国家的紧迫性之外,还有另外一个领域在政治上早就引起重视但很少受到关注,这就是国家的教育与创新能力。以前几十年在经历了追赶进程之后从2008年起研发动力开始减弱,这一点可以从研发开支的停滞看出来。此项涉及未来的关键区位因素国际上的研究报告所揭示的数据对我们而言日趋不利。欧盟委员会以及经合组织与国际货币基金组织以一种毫不含糊和令人羞愧的语气抨击了奥地利教育体系的效率。

经济界对日趋严重的专业人才短缺的抱怨,值得培训的学徒越来越少,此种现象在在都反映出上述的缺憾。同样的情景也出现在大学尤其是理工科专业。这都说明我们整个教育体系的改革已经被延宕,从幼儿园到中小学以及职业教育直到大学和成人教育都是如此。社会、经济、就业状况出现了如此强度的变化,继续抱残守缺就意味着对未来的背弃。

知识是未来的源泉,但如果不去挖掘知识的宝藏,这句至理名言就会成为一句空话。不去开发和利用孩子们的天赋是任何一个社会都承受不起的损失。教育并不仅仅有利于职业的提升,而且有益于塑造一个自我决策与自我实现的社会生活。正因为如此,教育改革的目的是实现最大的机会均等，与此同时必须确保通透的社会上升空间。没有机会均等就没有分配公正，没有一个有效率的教育制度就没有相应的经济效率。当然这也就要求具有相应的效益公正以及适当的效益结构。

一个有活力的创新文化——这是改善我们在全球竞争中的竞争力的关键前提——只能通过所有教育机构的互相配合才能实现。大学经费不足以及促使人才外流的研究氛围，类似这样的环境是无法实现这一目标的。我们必须采取政策措施，一方面削减社会福利和公共行政管理部门的支出（尤其是通过提升效率），同时还要通过对教育和科学研究的投资来促进创新并推动增长，只有这样才是走出困境的出路。

公共开支的窘境也是造成我们富裕生活的一大威胁。社会上一个流传很广的误解以为，是2008年9月15日雷曼兄弟投资银行的倒闭、友邦保险公司几乎破产以及其后所采取的一揽子整治与救助措施导致了国家债务的产生。真相是：在出现了令人震惊的事件之后投资人改变了他们的意向，即不准备再投资来重组债务。国家债务，也包括私人家庭负债在此之前已经太高，或者说使用不当。只是当时在投资人中间的广泛共识是这样的债务风险还在可控范围。2008年以后这种信赖在持续动摇。而及时救助希腊本来可以阻止这种信任危机的蔓延。

以奥地利为例可以证明上述判断:1980年到1995年间国家债务从760亿欧元上升到1190亿欧元,其占国内生产总值的比例也相应地从56%上升为68%。此后的十年略有下降,但代价高昂:通过剥离,变卖国有资产的一次性效应,变卖的份额为创纪录的44%以上。其中转移的债务(亦即所谓的影子债务)还根本没有包含在内。直到2009年债务总额达到国内生产总值的69%,超过了90年代中期的水平。2012年则上升到最高水平,即75%,绝对数额为2310亿欧元。而真实的国家债务因其缺乏透明度的剥离即"创造性的结算"远高得多。

对比如下:从90年代中期起,瑞典通过果断的结构改革将债务水平控制在40%以下,以此赢得了对未来投资的空间。瑞士目前的数据是47%。在前已提及的瑞士洛桑国际管理发展学院的区位比较报告里,这两个国家的排名分别高居第4位和第2位。我们应以这两个居领先地位的欧洲国家为榜样,才能将国家的所得更少地支付利息,更多地投资创新。

长期以来,对今后几十年发挥关键作用的众多政策似乎都在停滞不前,例如能源政策。奥地利早就从一个电力出口国变成进口国,其中包括占10%份额的核能。作为最环保与可再生的能源载体——水电建设始终停滞不前,这浪费了许多宝贵时间。占三分之一可开发的水力资源一直未加利用,导致了我们不得不以相对高昂的价格进口石油和天然气,占其消耗总量的85%。畸高比重的化石能源决定了环境污染程度不必要的飙升。连同能源消耗总量的上升,我们的人均消耗明显高于瑞士,如此一来便不足为奇,即我们在许多自动选择的京都议定书数据上都落于人后。更为荒谬的是,与8个邻国相比我们的汽油价格最低。最近我们又增加了高达1.20亿欧元的补贴数额,这种对往返交通的一揽子补贴原本就无疑过分且有误导作用,而且只能有利于居住在维也纳周边地区的中产阶层。

鉴于到达"石油顶峰",化石能源的时代显然在逐渐地走向终结。瑞士历史学家达尼埃勒·甘泽在其《处于石油神迷中的欧洲》一书中准确地描述了这一态势:1999年1月每桶石油布伦特价格还是10美元,现在已经超过90美元,期间曾经达到 150 美元。国际能源署总干事田中伸男五年前就提到过"第三次石油危机",与 70 年代的前两次危机不一样的是,这一次将不会很快克服。

在此期间,尤其是美国的能源状况通过页岩气开采发生了根本的变化,区位条件以及地缘政治形势因此也产生了重大转变。有鉴于此,能源政策既不能显得惊慌失措,也不能采取民粹化倾向。而德国的"能源转折"即决定退出核能正是在这样的背景下产生的:在世界的另一端——日本的福岛核电站因海啸而瘫痪。过去几十年里,奥地利也出现过这样的民粹主义行动:从海恩堡到多尔福谷,从考纳谷到萨尔茨堡针对一条 380 千伏电缆的抗议活动。

甘泽寄希望于更多地开发可再生能源:太阳能、风能、水力、地热和生物能源。对此应细加分析:地处北方的地区应将重点放在风力,太阳能则更适合南方。中部地区水电最有效益。

奥地利已经拒绝了核电,但也阻延了扩建符合环保的水电,或者可以说耽误了改进能源效益的机会。拒绝核能的结果是高昂的环境代价,导致"生态脚印"日趋恶化,且不论其经济后果,即我们不得不高价进口越来越多的能源。建设新的水电项目的规划其实已经拟就,一旦实施还可以使国内经济大大受益,进而在当前危机形势下对振兴经济发挥重大贡献。

在生活中几乎所有领域里,持续的转变和旧有的确信与把握所造成的痛苦的损失已经成为时代特征。同数字革命一样,预测的气候变化的后果同样也难以估量。对很多人来说,这样的变革意味着生活基础的损失。政治承担着人道主义责任来引导社会做好应对这样的变革的准备并减轻其副作用,与此同时确保未来的竞争能力。因此,我们需要"2025 议程",以便为今后的巨大问题系统地给出答案。

我们在政治上何以显得如此应对无据,甚至一筹莫展,本书将对此做出分析。数百年来,在我们的国人中间流传甚广且根深蒂固的观念是"就会好起来"以及那种臣仆的国民性。天主教与君主专制传统以及自由主义被挤压,这些因素都使得奥地利人难以倾向改革,更谈不上形成两极化的公开争论。从过去那些失败的革命教训所得出的共同结论是:还是少折腾为妙,宁可寄希望于"上层"总会做些什么好事。

与此相反,人们始终坚信,连续性与可靠性总能带来希望;热衷于巴洛克时代并崇敬君主帝国就是这种基本保守性的表现。国家疆域的不断变更,对此将在本书《君主时代的遗产》一章中阐述,并未让我们产生出多少自我价值:面对较小的邻国我们有一种优越感,而面对大国则显现出一种自卑感。

国家及其居民绵延数百年的这种基本模式当然并不能理解为宿命。心态也并非一成不变。历史终究不能决定性地支配着当下。过去与现在从来不乏那种充满着自觉、决绝与勇气的精神闪动,向世界发出积极的信号。我们的人民具有勤劳与创造力,这是我们可以创造性地逾越过去留下的某些障碍的良好基础。在本书《改革的"上层"推动》一章中将以其他国家为例阐释成功改革的一些原则。

2012年11月,美国著名的《外交政策》期刊发表了标题为"奥地利奇迹"的一篇文章。文中赞扬了阿尔卑斯之国在欧洲危机之中保持着低失业率、具有竞争力的产业部门以及高度平均的家庭收入。我们应将这种外部观察同奥地利的成功传奇联系起来,同时还要为此担心,即在很大程度上我们还是在依赖几十年前制定的结构措施来维持现状。后来那些没有采取的步骤,现在必须迅速补救,如此才能在全球竞争中经受考验。近些年来明显上升的工资成本业已发出足够的警告信号。本书最后两部分将清楚地表明,奥地利问题也就是欧洲的问题,而欧洲的问题总是奥地利的问题。因此,在揭示问题时不能受到国界的限制。

当前的事实是,世界经济在趋冷,欧元区尤为疲弱,这就使我们面临日本的命运。迄今为止在这场危机中奥地利虽未能幸免,但受到的冲击并不那么严重,因为它动用了或者说提前启用了自己的储备(如同养老金那样)。这样的抵押就短期而言收效要比长期更为恰当。

同样的情形包括欧洲也适用于银行部门。与此相反,美国则成功地为银行业打下了坚实的基础。通过再工业化并凭借页岩气开采所实现的能源自主,美国已经为经济复兴做好了比欧洲更为扎实的准备。而欧洲的金融危机在继续恶化,其解决能源供给的对策显得更为昂贵与不足,其里斯本战略——通过教育、研究与创新促进增长——的作用并未显现,虽然究其初衷来看当时和现在都算正确。但实现这一战略毕竟要创造相应的基础与框架条件。谁若否定了这一点，就会在不久的将来面临滑入黑洞的危险：如日本那般萧条。

我们的日子无疑比多数国家好过一些。但这样的境况并不能永续，而且也并没有好到令我们自我满足与沾沾自喜的地步。我们必须进行调整，做好准备以应对世界经济进一步疲软以及奥地利自身的增长下滑。必须让虚弱的公共财政变得更为有效，并削减庞大的公共开支。削减的数量要达到200亿欧元，为年度国内生产总值的7%，同时不必痛苦地削减社会福利支出。如此我们才能减少国家债务并为那些面向将来的投资留有余地。

在弗朗茨·格里尔帕策①的戏剧《哈布斯堡兄弟阋墙》中，马蒂亚斯大公爵的一句名言是"这是我们高贵门第的恶咒，凡事将就，迟疑不决且半心半意"。让我们看一下近年来的一些措施，就差不多会相信这样的恶咒是永恒的：诸如半心半意的在奥地利公共场所的禁烟令，或者是

---

① 弗朗茨·格里尔帕策(1791—1872)，奥地利戏剧家。他的悲剧很晚才被认为可能是奥地利舞台上最伟大的作品。——译者注

有关全国范围统一实施对青少年保护的无数次失败的尝试,抑或是实行拖延已久的教育体制改革。

然而并没有如此这般笨拙的决定论,它充其量只是一个借口。只要实实在在地实施,事物是可以改变的。即使现在播种,收获也要在十年以后:研究领域、教育领域、福利国家的改革以及能源政策概莫能外。而且,从任何意义上讲,即使未来那些适宜"来自下层"直接民主手段与倡议的行动,也更为需要政治上的领导。请不要忘记:谁若是在"二战"前出生都属于第一代,他们虽然经历过战争及其后果,但之后一直都享受着和平与富裕的生活。如此难以比拟的幸福同时也意味着使命与责任,要让后代们也能享受这样的生活。重要的是,我们必须告别幻境进入现实。

"若是有谁在催逼我们,那并非习俗力量",在《哈布斯堡兄弟阋墙》中暴躁的马蒂亚斯演讲之后斐迪南大公试图逼他加速行动。而这却是在明白无误地提示安逸时代的终结:"时间在催逼:我们自身就是被逼迫者。"

1 改革的『上层』推动

广泛的富有竞争性改革的正面效果往往需要数十年时间才能显现出来,正如约瑟夫二世时期那样,即使是在现代民主社会,巨大的改革措施也总是伴随着危险,它们会不受欢迎,同时还会让别人蒙受损失。

"每个臣仆都期待着主人的庇护与照应",约瑟夫二世①在1786年宣称:"为此君主的责任是规定其臣仆的权利,并引导他们为公共的福祉及个人的利益行事。"

在哈布斯堡王朝时代没有一个皇帝像玛丽亚·特蕾西娅的儿子这样,在其执政的十年时间里约瑟夫二世以令人印象深刻的速度"自上而下"地动手改革。起初他的改革得到了臣仆们的好感:当他1780年11月29日登基时,帝国所有臣民无论其国籍归属都在顶礼膜拜。

然而皇帝脑海中的启蒙精神当时仅仅为比较狭小的

---

① 约瑟夫二世(1741—1790),神圣罗马帝国皇帝(1765—1790)。起先与其母玛丽亚·特蕾西娅共同执政,自1780年开始单独执政十年。——译者注

阶层所领悟,他们主要集中在维也纳、波西米亚和摩拉维亚①。那些开创性的改革,诸如建立一个由受过教育的职业官僚组成的中央管理层,实施普遍的义务教育,设立公共医院并为穷人与残疾人设置救济机构,颁布城市管理章程,解散修道院,将皇家私人资产交由地方经营管理,皇家私人财产国有化以及取消对新闻与文艺作品的检查制度等等,所有这些措施固然可以在为期十年的短时间内推行并实施,但要使得这样的举措扎根在公众的思想意识之中,则需要几十年的时间。

在约瑟夫二世执政的后期已经有迹象表明,针对他的通过改造社会来实现奥地利现代化的设想,已经有一些顽固势力尤其是匈牙利的豪绅巨富们在酝酿着激烈的抵制。他活着的时候已经有一些诽谤他的文字在流传,在他死后少数追随者在国内转入地下流亡。

约瑟夫二世经历了一个十足的奥地利改革家的命运。拿破仑一世曾说过,奥地利"总是在时间上落后一年,在军队上落后一步,在思想上落后一程",而奥地利的精英人士

---

① 摩拉维亚即今日捷克共和国中部地区。——译者注

确实往往不会带领国家及其时代在"时间、军队和思想"上领先一步。这意味着：他们并不或者尚未明白，他们的失败往往归咎于此。无论是科学家、政治家还是艺术家概莫能外，他们的人生犹如一条红线贯穿着奥地利的历史。

要理解奥地利的周边环境及奥地利人对改革的反应，就必须追溯到奥地利本体遥远的源头。16世纪末期在反宗教改革过程中掀起了充满暴力的再宗教化，这一段历史对持续地遏制激进的创新思想起了重大作用。它造成的特殊后果是，来自西班牙、意大利、佛兰德、葡萄牙以及爱尔兰等地的温顺移民取代了奥地利本土那些勇于反抗的且多为新教的贵族。正如伟大的历史学家弗里德里希·黑尔所指出，宗教信仰冲突的这种非奥地利化结果在奥地利"国民性"中留下了裂痕。17世纪奥地利成为清一色的天主教国家，新教就此一蹶不振。

与重建宗教信仰一体化同步的是整整10万新教教徒遭致驱逐，这场系统的反宗教改革运动导致的后果是启蒙运动在奥地利只触及微不足道的少数人，即一些有特权的精英人士，唯有他们能够读到禁书并可以秘密交流，而无须担心丢掉官位与职位。如此一来，尽管出现过短暂的约瑟夫时代,启蒙运动以及两场革命——政治上的法国革命与更多是工业上的英国革命——并没有触动奥地利主要的社会阶层,他们直到1800年左右还在沉湎于1700年左右流行的那些思想。文化社会学家伊尔莎·巴雷阿甚至还将如下现象归咎于这场再天主教化运动:为何在奥地利从未产生过一个强大的资产阶级而只有一个心胸狭隘小肚鸡肠的小市民阶层。

从这样的背景出发并基于约瑟夫时代改革的命运就不难明白,奥地利为什么在19世纪中期再次错过了一个巨大的历史机遇。1848年至1852年去世的在位首相施瓦岑贝格①曾拟定了一项计划,旨在建立一个拥有7000万人口统一的中欧经济区。施瓦岑贝格的这项计划受到了卡尔·路德维希·冯·布鲁克男爵思想的启发,后者出身于莱茵地区,信奉新教,时任贸易与财政大臣。该计划拟以德意志同盟为中心建立一个欧洲自由贸易区,且同时揽括今日的比荷卢三国、斯堪的纳维亚乃至奥地利控制下的意

---

① 施瓦岑贝格(1800—1852),奥地利政治家,1848年11月出任首相兼外交大臣。——译者注

大利北部地区。此项计划最后胎死腹中。1862年普鲁士成功地与法国按照英法科布登条约①模式缔结了自由贸易的最惠国协定,正如历史学家海因里希·贝内迪克特所强调的那样,对哈布斯堡王朝来说,这一项协定犹如一场"经济上的克尼格雷茨战役"②。军事上的那场失败四年之前,经济上的败局已经注定。

施瓦岑贝格也是一位典型的奥地利改革家:他反对革命,但却"从上层"开始启动了减轻农民负担和教学制度的现代化措施。他的计划遭致了自由派和保守派共同的反对,对前者来说他过于保守,就后者而言他又过于自由化。最终他还失去了年轻且已大权在握的皇帝弗朗茨·约瑟夫一世的支持。

历史的一个脚注是:2011年民族保守思潮倾向的布达佩斯市政府褫夺了施瓦岑贝格身后的荣誉市民称号。这就意味着,在新锐但依然是逆潮流而动的民族主义当权的

---

① 科布登,英国政治家,长期致力于改进英法关系,1860年成功地促成了英法商约。——译者注
② 克尼格雷茨战役又称萨多瓦战役,普鲁士与奥地利之间的七周战争中决定性的战役。奥地利的失败导致其被赶出普鲁士统治的德意志。——译者注

地方,即便在死后一百六十年他的思想仍旧被视为一种危险。

施瓦岑贝格身后奥地利所经历的所有现代化进程中,短期的如19世纪70年代,长期的如"二战"以后的经济腾飞期,一成不变的是对那些过于热心的改革家的不信任。即使在第二共和国,有关新思想的讨论主要还是在小圈子中展开,而其实施更是在很大程度上受到精英阶层的制约。为了取得关键性的突破,有时则不得不在这些精英中结成"难以置信的同盟",例如在推行硬通货政策时,即今日四处流行的货币民族主义的对立面。

最迟到20世纪70年代中期,欧洲堆积如山的问题一角终于显现了出来,这些问题时至今日也没有完全解决:福利国家的财政支付能力濒及临界点,国有化的产业前景并不清晰,国家竞争能力的下滑即使就日益恶化的经常性项目收支数据来看也已十分明显。1973年第一次石油危机中断了增长势头,接踵而来的就是通货膨胀。后果则是工资的上涨犹如脱缰的野马;1975年协定净工资增加了19.1%,而经济则下降了0.4%。接下来的一年经济开始回升,增长率为4.6%,但工资却攀升了10.3%。

在这样的形势下,1977年终于出现了一个"难以置信的同盟",即由安东·贝尼亚领头的工会、国民银行和财政部长结成的同盟,主张通过严格控制硬通货汇率来抑制通货膨胀并强制推行经济结构的调整,这种主张同联邦总理布鲁诺·克赖斯基以及工业联合会的意愿针锋相对。1976年起奥地利先令以一种固定汇率锚定德国马克,在此之前奥地利货币从1974年起升值了9%,而1968年到1973年间已经贬值13%。最终实行的是1:7的固定汇率。通过马克与先令这一汇率联系,奥地利终于在1999年加入了欧元区。

当年采取的这些政策,连同1977年决定的遏制经常性项目收支恶化与改变工资政策的一揽子措施,令奥地利共和国至今还在受益,对此人们普遍不会存在异议。1977年经常性项目赤字占国内生产总值比例为6.2%,五年后便缩小到1.7%。而意大利则走上了相反的道路,即因其出口业效率弱化令里拉贬值,从而导致今日出现的众所周知之难题,这不仅发生在我们的南部邻国,也发生在一些同病相怜的其他国家。在加入货币联盟时奥地利已经解决了自身的绝大部分问题。

与此相反,国有化部门直至受到80年代的冲击才被惊醒，它们本来可以早些启动改革。国有化产业部门在传奇人物国有化、交通及能源部长卡尔·瓦尔德布伦纳（瓦尔德布伦纳王朝）时期多年来日子过得很好，但人们完全忽视了这一点：面临变化了的世界经济环境该部门将难以支撑下去。直到后来的国有化部长鲁道夫·施特赖歇尔任上才动手变革，让国有部门的健康核心进入全球竞争环境中发展。

今天看来像奥钢联这样的企业已经成为奥地利众人仰视的世界冠军的典范，但它正是在世界范围内钢铁行业处于下风时经受住了竞争的考验。昔日信贷银行下的一些企业在这样的变革中获得了成功：位于格拉茨的安德里茨公司 80 年代早期债台高筑几乎已经破产，今天则是一家世界性企业，其在证券市场上的表现可圈可点。森佩里特作为轮胎制造厂商固然已从奥地利本土消失，但是该企业的橡胶技术部门却取得了史无前例的成功业绩。

实施周密的经济改革可以使得这样的变革顺利地摆脱旧的桎梏走上新的道路。前不久去世的英国前首相玛格丽特·撒切尔的领导能力可能无人质疑，她成功地终结了陈旧的工业部门，但并没有谋划出新的产业。而其实体产业的消失，令联合王国至今还在深受折磨。迄今为止再工业化尝试的成效微不足道。

相反，奥地利最小的福拉尔贝格州却成功地华丽转身。四十年前该州主要从事纺织业，今天黑默勒、加纳尔或者龙贝格等企业都活跃在其他一些经济领域。这块"乡间地"已经成为电子和机器制造业高度发达的工业重镇。同样的例子还可以举出上施泰尔马克和造纸业。这正是奥地利伟大的经济学家约瑟夫·熊彼特所声称的"创造性的摧毁"，熊彼特将此视为推动资本主义发展的动力，当然其重音应落在前面的形容词上。

广泛的富有竞争性改革的正面效果往往需要数十年时间才能显现出来，正如约瑟夫二世时期那样，即使是在现代民主社会，巨大的改革措施也总是伴随着危险，它们会不受欢迎，同时还会让别人蒙受损失。

尽管克赖斯基政府实施了很不受欢迎的措施，包括此前一年推出增加奢侈品增值税和社保缴费等，但1979年克赖斯基还是再次在国民议会选举中赢得了压倒性胜利。然而1983年克赖斯基便失去了多数地位，这显然应归咎于那项考虑不周失败的"马略卡一揽子计划"，其中拟定征收匿名储蓄者的利息税。

在瑞典,弗雷德里克·赖因费尔特领导的保守党政府今天一定程度上享受着社民党人约兰·佩尔松执政时期的成果。自1996年起这位瑞典首相执政长达十年之久,他成功地在瑞典社会中实现了对持续改革以及高度重视研究与创新的共识。"一段时间里我曾是瑞典最受憎恨的人",佩尔松曾如此说道。尽管如此,在1998年和2002年他再度当选。相反,2006年他遭受了瑞典社民党人最糟糕的选举结果,然而他的国家自此占据着国际顶尖地位。

德国前总理格哈德·施罗德也是一位社民党人,他在任职七年后就遭致惩罚:他所制定的"2010议程"中那些著名的结构改革,例如劳动力市场("哈尔茨 IV")为德国今天的经济实力奠定了基石。然而施罗德却招致自身党内的抨击,先是失去了联邦议院的信任投票,随之在其后举行的大选中失去组阁的多数。

作为改革者招致败选的风险,这是民主政体领导功能的一个内在固有现象。"我的领导人生涯就是确保为今后的选举开发与释放出尽可能多的机会,让人们能够再次选择我的事业",新加坡成功的国家创建者李光耀如是说。

采取必要的措施并及时地产生出良好的成效,这样的平衡术乃是一种政治艺术品。

今天的奥地利尤其要向瑞典与瑞士学习如何营造一个环境,让宏大的改革举措能够取得成功。

几乎在所有经济参数上瑞典今日成就辉煌,其实90年代初这个斯堪的纳维亚国家处境十分艰难:慷慨的工资协定导致单件工资成本上涨,竞争力下降导致出口市场萎缩,失业上升,等等,所有这些都反映在财政收支上。经历了1991年与1992年严重的衰退之后,财政赤字高达12%,债务占比为国内生产总值的73%。国内几乎所有银行都必须重组与国有化。改革的目的,即通过结构改革并不仅仅是平衡赤字与债务,而且再也不能允许出现此类情况。据佩尔松自陈,最令他震惊的是国际货币基金组织在纽约举行的一次演讲会,面对的是清一色27岁的男性华尔街投资银行家,他们提出的问题十分尖锐,涉及瑞典的失业救济金、教育事业的支出等。正是如此这般的屈辱才使得瑞典获得了一种动力,来摆脱这种窘境。

佩尔松改革的核心是建立以缴费为导向的新的养老金制度,其目的是明确地鼓励延长工作年限。实施结果也证明了这一初衷:根据欧洲统计局数据,2010年瑞典处于55岁到65岁年龄段的人口中有70%的人就业,奥地利则仅为42%。财政上的效果令人印象深刻:自2007年起该国的预算连续出现盈余,债务占比下降到37%。伴随着部分是阵痛的结构改革,有利于财政经费从公共管理部门转向教育与科研部门。如此一来,瑞典赢得了向未来投资的巨大空间。一项战略目标获得了丰硕成果:该国的人均专利申报数为奥地利的两倍。

我们的邻国瑞士在很多领域也在告诫我们,一个没有什么资源的小国如何能够为未来的竞争做好充分准备。瑞士于2003年经过全民公决成功地将遏止债务条款列入宪法,如此便会使得本国的生活不得超出应有的水平。正因如此,瑞士的收入与支出便不受景气周期的影响保持着平衡状态,过去的结构赤字因此而被成功克服。如同瑞典一样,瑞士进入领取养老金的年龄门槛明显高于奥地利,因此得以拥有充足的余地为未来的发展持续改善基础设施和大学。

取得这样的成功部分要归因于政治制度:五十多年以来领导瑞士的是一个集权政府,如此一来那些极端自私的善于自我表现的人便失去了舞台。经济上的合理性与可操作性这样的意识，很大程度上占据了并不耸人听闻的日常政治生活。不断地达成新的共识，这是瑞士政治上一个令人值得注意的成就。

今天的奥地利——欧洲的奥地利——无处不需要变革，对此，本书以后的章节将会详细地加以阐释。但是，变革的动力是更多地来自"下面"，抑或需要某些人物继续为此甘冒风险，在实施变革之后便遭人讨嫌，不得人心而黯然下台？

互联网兴起以来，公民参与思想获得了新的活力。新的政治运动例如"海盗党"在德国一些地方选举中取得了两位数的成绩，他们便是专注于互联网民主行动。其中一个指导思想就是通过数字平台更多地实现直接民主与参与决定。

传统的公民表决手段诸如全民投票与全民倡议等，近年来在奥地利也越来越多地得到运用。仅在 2013 年就有两次全民投票，一次是联邦范围关于义务兵役制，一次是在维也纳有关地区政治议题，还有两次全民倡议进行表决或签名。国民议会讨论多次的"一揽子民主"应能缩小公民与政治家之间固有的鸿沟。业已达成的全民倡议的10%条款只不过是吸引眼球的一种把戏而已。

近代以来的历史已经证明,应该极为慎重地使用直接民主的手段。这样的手段特别容易被蛊惑民心者所滥用。在那些倡议的问题背后,其动机往往与事情本身毫无关系。

奥地利曾于1978年11月5日就建成的茨文腾多尔夫核电厂是否投产运行举行过一次全民投票,其结果是否决。这次否决与其说是反对和平利用核能,毋宁是以微弱多数熄灭了克赖斯基残存的继续留任政府总理的希望。即便当时的人民党主席约瑟夫·陶斯也认为从经济角度看采用核能是正确的,陶斯的同事后来证实了这一说法。然而克赖斯基确信陶斯出于竞选策略的需要采取了相反的立场。上述日期对奥地利的能源政策来说是一次转折点,其后数十年里我们的能源政策显得民粹化与杂乱无章。

同样将矛头对准克赖斯基的一次全民签名倡议发生在1982年,即反对建造维也纳会议中心。此次行动由人民党发动,获得了136万人签名支持,可谓第二共和国最为成功的一次全民倡议行动。然而这一备受争议的项目仍旧建成，维也纳奥地利中心今天业已成为一个受人喜爱并广为利用的举行会议、音乐会、舞会或公司全体会议的场所。一旦直接民主不是用来展开一场广泛的紧扣议题的讨论，而是为了渲染气氛鼓噪情绪鼓动人心，那就十分有害，在某些情况下甚至是危险的。

2013年1月20日举行的全民公决的议题是奥地利联邦国防军的未来，就这样的议题本应在公决前进行一场严肃的公开讨论，内容涉及奥地利适时的安全政策的基础以及与此相关的必要行动，然而事前并没有做这样的准备。表决结果是继续实行义务兵役制，这一结果其实并非为了军队的未来，而更多是维护那些受到社会救济组织庇荫的民事服役群体的利益。但我们终究不能永远在安全政策领域里玩滑板运动。

至于奥地利是否正在迅速地朝着瑞士方式的全民公决民主方向发展，就最近两次全民倡议表决而言是值得怀疑的。2013年4月举行过两次全民公决，其一是关于民主，其二是反对教会特权，这两次全民公决获得的签名人数是迄今为止最低的。究其原因并非仅仅是议题使然：惰性与安逸连同牢骚般的呼喊已经在有义务参与政治的过程中随时可见。只有在出现"对此反对"这一议题且其背后有强大的党派活动时,直接民主这一手段在奥地利才会产生效果,这已为迄今为止的经验所证明。相反,瑞士的全民公决与表决则具有伴随着历史而成长的传统,他们的每一次公决都"贯穿"着信息畅通的公众参与。

个别情况如透明法倡议新近由数字媒体所发动,更多是"来自下层"的改革推动,即为数字精英所关注。然而,这样的情形根本不能表明诸如此类的行动是否为社会大众所接受,事实上还有多得多的其他参与行动的可能性。总的来说,数字化已经导致社会四分五裂和混乱,由此在政治上更加难以围绕一个共同的目标形成共同点:我们从何处来,我们身处何处,我们向何处去,我们要做什么?

为了找出这些核心问题的答案,我们比任何时候都更加需要强大且目光远大的政治活动人物,他们敢于逆流而行,无官位可丢,或者无惧于失去官位。

2 君主时代的遗产

总是在不断寻找"替代君王"以及迎合媒体需求将政治事件极端的个人化,诸如此类,都在显露出专制历史的遗产痕迹。

1918年哈布斯堡王朝瞬间缩小，其后的国土即为今日的奥地利。如此的领土萎缩不亚于一次截肢手术。这样的截肢导致多重形式的幻肢痛：经济上、心理上以及管理手段上。

哈布斯堡帝国原本是欧洲面积第二、人口第三的国家，已经形成了一个跨区域的均衡的分工体系，煤炭在西里西亚，工业在波西米亚和摩拉维亚，肉类产于克罗地亚，粮食产于匈牙利，在的里雅斯特可通往海洋，行政管理处于奥地利的核心地区。王朝的终结则从经济上撕裂了这一结构。这一突如其来的瓦解造成了人们对第一共和国在经济上的生存能力的不信任。赫尔穆特·安迪克斯将1918年之后的奥地利称为"谁都不想要的国家"，正是这样一个国家在第二次世界大战之后却成为一个"谁都想要的国家"。一直延续到 70 年代中期的"黄金时期"成功地克服了经济上的问题;1989 年铁幕打开以后,出口的辉煌成就也应该归功于向昔日哈布斯堡王朝国家的扩张。

心理上的后续影响则始终可以察觉。总是在不断寻找"替代君王"以及迎合媒体需求将政治事件极端的个人化,诸如此类,在在都显露出专制历史的遗产痕迹。只有君主知道他的人民需要什么,即如约瑟夫二世所言:"一切为了人民,凡事不经过人民。"即便今日还令人忆及某些君主与其"子民"关系的旧有模式:一面是无处不在的形象和仿佛至高无上的权柄,另一面则是对个人功利的期待和时刻准备服从。

与那些镌刻着"革命"烙印的国家如法国不同,在奥地利,国家被视为至高无上的权力,人们对此承担义务,当然也会想方设法去规避履行这种义务;国家也成为拥有权威色彩的父亲形象,人们对此寄以无限信赖,并在处于困境时向其呼唤求助。

与国家紧密交织在一起的还有一个无处不在的母亲形象:教会。皇冠与祭坛的联姻是王朝留下的另一项遗产,她对奥地利的认同具有持久的影响。所谓奥地利庇厄塔斯①在巴洛克时代被鼓吹为哈布斯堡王朝最重要的美德,是信仰天主教的陛下皇位的重要支柱。很长一段时间里作为国家教会包装起来的公民大会,在实施着意识形态化的国家权力。1933年奥地利法西斯国家与教会签订的条约即规定了,即使在非常时期教会也拥有特权地位。八十年后举行的针对教会特权的全民表决便是在质疑这一项条约,然而这场全民表决最终惨败的事实却告诉我们,奥地利人一如既往地畏惧着在教会问题上展开一场文化斗争。很明显,人们寄望寻找来世答案的地点,还没能找到一个足以信赖的替代场所。

过去数百年里,奥地利人对国家与教会的根本信赖有着自身的烙印,因为这种信赖要比其他地方经受更多的考验。在奥地利一千多年的历史上不断出现过领土的变更,它使得国民产生出这样的感觉,即变更是唯一的常数:不断地有新的地区加入,相反又会失去什么地方。1918年的

---

① 庇厄塔斯系古罗马宗教所信奉的女神,象征人对神、国家、亲属特别是父母的尊敬与忠诚。——译者注

"缩减震荡",如诺贝特·莱泽所称,固然是最后与最大的一次,却并非是唯一的一次震荡。一个通过占领、婚姻与条约以及遗产分割生成的国家聚合体,一个反复地通过对外部威胁的反应才会形成的统一的国家领土,其核心即为今日的奥地利共和国,而事实证明,这样的一片国土往往在下一时刻又会是一个脆弱的形体。

976年后巴本堡人开始进入查理大帝的"东部边区",即后人所称的东部边境地区,他们渐渐地扩大了自己的势力范围。1273年德意志的选帝侯们将瑞士伯爵鲁道夫·冯·哈布斯堡推举为国王,当时哈布斯堡在候选人中被认为是最弱的一位,而这一选举结果却开创了史无前例的王朝扩张进程。五年以后,奥托卡二世①死后哈布斯堡王朝的统治延伸到奥地利。从一块小小的边境地区,甚至还不及现今下奥地利的面积,直到成为一个帝国,且规模不断扩大,其后又顿失一切:前奥地利,成为哈布斯堡王朝的瑞士领地;勃艮第,在西班牙争夺继承王位的战争中事实上

---

① 奥托卡二世(1233—1278),1253—1278年任波西米亚国王。——译者注

属于西班牙。最终还有那不勒斯、米兰、威尼斯和西里西亚，直到1918年，剩下的只是残余，即如法国外交部长乔治·克列孟梭声称的"剩下的就是奥地利"：由战胜国确定的剩余领土即为奥地利。

同法国的冲突，其间还有西班牙争夺继承王位的战争、三十年战争以及同奥斯曼人的争斗，直到拿破仑战争，与普鲁士的争夺，世界历史上的大型冲突都交织其中，这样变化多端的历史，在奥地利人与其国家之间充满矛盾的关系上打下了烙印，这种烙印可能如同下述事实一样：1918年之后再也没有皇帝了。

如此矛盾的情结也不断地反映在奥地利人与其国家公仆之间的关系上。"颤抖吧，伟大的奥地利，在你的小官员面前"，作家爱德华·冯·鲍恩费尔德如此嘲笑过自己的同类，因为他本人从1843年起也曾在维也纳彩票管理当局做过五年官员。经历过"缩减震荡"之后，官员们的名声在怀旧的气氛中被神化，出现了180度的转变，如同英国作家爱德华·克兰克肖在30年代所述："关于奥地利的无能、懒惰与马虎已经说得太多，写得太多，现在回首看来，奥地利的官僚是可以想象的最能干、最通情达理并且最不贪腐的一类。在他们中间有帝国最能干的人才,他们无私且忠诚于自己的事业;其中主要是德意志奥地利人以及讲德语的波西米亚人。他们的能干与认真,他们的无私与热诚,他们的不偏不倚与行事独特,所有这些都遭致憎恨。"

奥地利许多官员的绩效无疑始终是出色的:精通业务,忠诚而又不偏不倚,常常令人不那么舒服,在理想的情况下他们确实堪为其主顾即国民的仆人。尤其是在20世纪里,奥地利的国家形态持续产生变动,这种变动比任何一个欧洲国家都要多,面对这种状况官员们既要能够适应变动又要保持连续性:一个在1900年前后出生的公职人员,如其享有正常的寿命便会经历过五次国歌变更,六次国家名称的变动,七次宣誓,使用过五种货币以及多次失去其储蓄存款。在如此状态下,忠诚就完完全全成为一种艺术技巧了。

直到今天,在某些官员及其利益代表机构的身上更多表现出旧日宫廷官僚的责任意识,而并非现代服务精神。例如公职人员工会,特别是教师部门在过去一些年里成为阻止早已应该实施的改革的一座堡垒。他们中间一些大权在握的人物显示出企图成为阻止势力的欲望,其格言为:"缺了我们什么都不成,和我们在一起什么都会有。"

如此看来,十分清楚的是,在奥地利要想成功地推进一场改革,只有紧缩行政管理部门的开支,才能向迫切需要资金的创新部门提供支持。1918年成立的年轻的共和国国土面积已经缩小到哈布斯堡帝国的八分之一,然而其官僚机构却并没有相应地按照这一比例做出精简。

时至今日我们的行政管理机构仍然过于臃肿,不透明,无效率。管理的密度与成本高于其他国家。在某些方面一眼就能看出公共部门过于膨胀:奥地利国防军中,约2.4万名军官管理着1.1万名士兵。国际比较清楚地显示:芬兰与瑞典行政开支每年占国内生产总值的1.3%,瑞士为1.6%,德国为3.3%。相反奥地利的行政管理部门则耗费了国内生产总值的4.1%之多。

与此相关,还应深思的是,奥地利的议会长久以来已经为官员或公共行政部门的从业人员与政党职员所把持。国民议会议员职业身份的多样性一旦受到很大限制,就会变成任何一个民主制度的危险病灶。

在受到保护与处于竞争领域的部门之间存在着不合

理的现象,纠正这一现象必须由立法部门出面。今后几十年里奥地利每一个官员享受的养老金平均要得到40万欧元的补贴。而一般参加劳资协定的养老金领取者则不到10万欧元。这样的不均等现象是否引起议员们的关注并作为问题提出呢?须知,他们本人大都身处受到保护的那些部门之中。

根据经合组织的数据,奥地利的税负为42%,比瑞士高出5个百分点,比德国或者欧盟的平均水平高3.2个百分点。可是我们在经济上远没有比这些成功的邻国高过5个百分点。相反,我们在并非不得已的情况下承受着过于沉重的国债负担,而这些都是要转嫁到我们的子女身上的。如此明显地挥霍资源的原因是公共管理的缺失与治理上的空白,地方政府相互之间权限的四分五裂,社会保险的碎片化,过度补贴以及过分的官僚化(如学校的组织机构)。倘若那些未受到保护的竞争领域亦如这些受到保护或半保护的国有部门一样无效率的话,我们在经济上就会沦落到和希腊差不多的地位了,而无法与瑞士、巴伐利亚、巴登-符腾堡或南蒂罗尔等相提并论。

弗里德里希·黑尔曾将奥地利官员称之为"二元主义

者","他们眼中的现实是截然分开的两块:外部是一片由狂热与私欲驱动的混乱世界,蔓延着多为低级趣味的'无序'、任性与自私;内部在办公桌旁则是自我封闭的天地,忠实的公务员们在为'法律'、'秩序'、'国家'和'皇上'效劳"。今天我们可以这样说,"外部"是未受保护的日益处于全球竞争的领域,其创新力与效率在过去的年代里成为推动奥地利国际化与经济发展的强大动力,本书《如何延续奇迹》一章将对此详述。即便是"内部"也发生了许多变化。如国际比较数据所示,迄今为止顽固势力往往要强于进步力量。过度的联邦主义尤其在州一级造成了令人震惊的重叠后果:州一级官员的数量是地方一级管理部门从业人员的10倍,而后者本来就在行使着类似的管理职能。一如既往,每个州都有自己的法规,从建筑法规、烟囱清洁规定直到本身并不拥有征收权力的税收法规,如此一来,国家机构就人为地膨胀起来,同时浪费了本该用于其他急需之处的资源。

　　对此可以运用以下实例形象地加以说明,围绕着在奥地利全境推行统一的青少年保护法,多年来一直进行着执拗而又无果的争执。其结果是许多在细节上具有荒唐区别的法规同时并存：在施泰尔马克州，15岁的孩子星期六若无父母陪同外出的话，晚上11点必须回到家里，在萨尔茨堡可以推迟到午夜12点，而在克恩腾州则更加宽松可推延到凌晨1点。同样情况出现在"竖起拇指"搭车：在施泰尔马克州，15岁以前禁止"竖起拇指"搭车，而克恩腾允许14岁时即可竖起拇指，在萨尔茨堡则根本没有此项禁令。这三个州州界相连，但法规却不相同。

时而发生的滥用税款事件也显示出类似情况：2012年萨尔茨堡州的投机失败事件暴露出一个前所未闻的责任空白，克恩腾阿尔卑斯—亚得里亚抵押银行向东南欧的扩张损失惨重，下奥地利大量建房储蓄款缩水，蒂罗尔抵押银行在西西里的投机造成数百万元的损失，所有这些只不过是一些特别形象的案例罢了。州一级所有的银行通常更多地成为州政府首脑们手中的玩物，而并非用作强调区域经济发展重心的自主财经政策杠杆。缺乏公共预算的透明度，这就显示出首脑们对公共财政缺乏清晰的理解，他们并不清楚上面所提到的一些案例究竟是如何发生的。

然而，因此就取消联邦州却并非一个正确的回答：在奥地利变化多端的历史上，联邦州实为认同的源泉。巴本堡人曾通过接受遗产的方式吞并了施泰尔马克公国,后者当时的面积远超过今日该州的规模,甚至揽括了现今上奥地利、下奥地利以及斯洛文尼亚的一部分。同样的例子还有萨尔茨堡,在五百年的时间里萨尔茨堡是一个侯国,一度曾属于巴伐利亚,直到莫扎特死后很久,在1816年才回归奥地利。布尔根兰在奥匈帝国时代属于匈牙利,1921年才成为奥地利的一州。区域的这些变化和特殊史实以及与此相连的区域认同属于奥地利历史与自在认识,就像铜钟①属于斯特凡大教堂一样理所当然。

不过,上述实例表明州际联邦主义已经开始失控,对此必须再次加以遏止。联邦一级在行政管理开支上出现了明显好转的态势,并通过实行新的预算法等措施迅速地接近国际标准,而州一级则明显落在后面。单纯出于近些年来适度有效的财政政策不致完全脱轨的考虑,清点一下各级地方政府和社会保险机构的现金账户就容不得拖宕。

联邦与州之间权限的碎片化对整个行政领域造成了

---

① 斯特凡教堂塔楼上的铜钟重达20吨。1683年,维也纳人战胜了奥斯曼帝国的侵略,将缴获的枪炮铸成这座铜钟。——译者注

极大的伤害:1947年实行的第二次国有化法的后果导致供电系统至今仍是四分五裂,既有联合股份公司及其子公司又有各州自己的公司,州、专区与乡镇许多政治权限的划分早就不合时宜,这种纷争造成了巨大的管理成本,同时也导致了严重的摩擦损耗。

紧缩这类结构的建议是现成的:据奥地利审计署计算,如果将现有各州官员不同的养老金制度统一起来,到2050年即可节省整整5亿欧元。作为共和国的监督机构,该局最新关于行政管理改革的报告提出了588项建议,其中有许多涉及州一级:从医院设置规划到混乱的体育促进体制。后者尽管近期以来获得了巨大投入但并没有产生出色的成效,人们看到的只是奥地利运动员在2012年伦敦夏季奥运会,或者2013年在施拉德明世界滑雪锦标赛上微不足道的表现。

所有这些部门都可以看到州政府首脑们伸出的那只保护手,在医院、能源业、学校或者体育部门可以发现十分明显的人治痕迹。如同联邦州一样,这些"君王的化身"的象征作用不容否认。这里必须强调重申的是,他们并不能身居联邦总理或联邦总统之上。

州长们有一个非正式的聚会即所谓的州长联席会议,人们通过这样的聚会获得的印象也同样如此。从1966年起他们就借助这样的聚会建立了对付联邦的共同阵线,并在诸如学校与住房建设、遏制债务或卫生事业改革等议题上共同发声。一个国家机构组织做出不受民主监督的(预先)决定,这样的事态表明联邦制出现了失误,联邦宪法中根本没有如此规定。

由此也许可以做出如下挑衅性的表述:要么取消州长联席会议,要么取消联邦政府。现在这样的状态是造成奥地利众多领域出现空转的原因之一,它们在加重后代的负担。君主时代的遗产中其实有许多是值得保存的,首当其冲的是多民族国家的思维。而过度庞大的行政管理机构与现实政治中对地区政治人物的过高估量肯定不在其中。

最后还需注意的是:对君主、皇帝、上帝的敬畏与仰视表现出对国家根深蒂固的笃信,其中也有经济上的考虑。在重新燃起的围绕国家在经济活动中应该或者必须发挥多大作用的讨论中,就不断地涉及公民与政府的关系。

第二共和国最初十年里,国家作为经济活动的参与者曾发挥了主导作用。而从80年代中期起国家的这一作用却被视为经营不善的近义词。进入21世纪的第一个十年,私有化作为信条大为盛行,2007年起出现一系列事件后国家又重新崭露头角:在困难的年代借助那只公共的手的保护可以躲避风雨,因而受到人们喜爱。连那些银行家和企业家们都在重新寻求国家的帮助,而在经济繁荣阶段他们则避之唯恐不及。于是,一揽子援救措施经过精心操作毫无阻力地出台。钟摆又重新复位。

但毫无疑问的是,在市场竞争条件下应该取消一些国有产业部门。昔日东欧阵营计划经济的失败从反面也证明了这一点。食品的生产与销售,运输工具的研制与推销,高新技术的市场化,等等,如果这些产业不是由私人企业来经营,那是难以想象的。

钟摆今天这样回头,究其原因是它此前过于长久地朝着另一个方向摆动。玛格丽特·撒切尔出于意识形态的考虑企图全盘私有化的做法终究失败。恰恰是基础设施领域诸如铁路、电网、高速公路或快速道路的建设与维护证实,私人企业在投资时更多是基于利润的考虑。单纯出于这样的原因,供水之类生活质量的标志就应该由公共企业来经营。

然而在这些极端之间还存在着一个灰色区域:城镇的垃圾处理或者街道清扫工作公共企业处理得十分出色,虽然其成本并非最佳,但总的来说还能令大众满意。尽管如此,必须看到很多地区有私人企业也在提供同样此类服务,将它们一并纳入整个系统中来,是否会提高效率并因此减少成本呢?

回顾历史可以知道,关于国家与私人应该做什么,意识形态上的对应立场同今天并非完全一致:在维也纳,所谓便民服务部门原先是由私人企业经营,只是到了后来,在基督教社会党市长卡尔·吕格执政时,供气、供电以及有轨电车等才改为地方即公共企业经营。

正如伟大的历史学家海因里希·奥古斯特·温克勒所指出,欧洲具有一种传统,它总是赋予国家某种责任去建立经济活动的框架条件。也正因为此,2007年以来政界辜负了人们的众多信赖,很多公民十分清楚,正是在缺乏管控的情况下,金融市场无以遏止的疯狂才导致乱象频生,而要解决这一问题则需要我们旷日持久的折腾。伟大的国民经济学家亚当·斯密构想的"市场看不见的手"本应保持经济体系的平衡,而德国记者加博尔·施泰因加特在其所著《我们的富裕及其敌人》一书中却称这只手"几乎将我们勒死"。接下来他还写道:"德国移民创建的雷曼兄弟银行自爆后,唯有国家的铁腕才能将世界从大规模失业、贫困与政治极端主义中解救出来。"

对国家及其在经济事务中能力的信赖看起来可以动摇:在同施泰因加特声称的危险的斗争中,欧洲国家再次面临着先拔头筹的机遇。我们要尽力建立新的欧洲金融市场以修复旧的体系失误,在这一博弈过程中,欧洲可以重新赢得信任。

3 奥地利的邻国：德国和其他

对奥地利来说，十分清楚的是，一旦不能跟上德国人或者瑞士人的速度，在经济上就会被远远地抛在后面。

有时候数字胜过千言万语。2001 年人口普查时有 4 万德国人在奥地利登记就业,十年后这一数字已经上升到 8.3 万。在阿尔卑斯山酒店为我们办理入住手续的是他们,在工业企业担任领导的是他们,在勤工俭学的也会是他们。这些德国人不仅仅逃离劳动力市场已经枯竭的联邦新州,无论是巴登－符腾堡、梅克伦堡－前波美拉尼亚或者下萨克森,新世纪初期奥地利强劲的经济动力吸引了来自德国几乎所有地区的人。

有谁会想到呢?70 年代我们还在政治上为奥地利的边境居民发愁,他们想到德国和瑞士工作,因为在那里可以少交税,然而又想在奥地利享受更好的社会福利。今天的奥地利已经变成一个不仅可以好好工作也能好好生活的地方。据奥地利统计的数据,越来越多的德国人来到并留在了奥地利:新世纪初有 7.5 万名德国人在奥地利,2012 年则翻了一番:15.78 万。

奥地利与德国两国及其前身的关系始终十分特殊,至今依然如此。在运动场上,尤其是足球,倘若奥地利与德国两队相遇,就会产生一种特别的有时甚至过分的情绪宣泄。至今我们还梦想着重温 1978 年在阿根廷科尔多瓦那场传奇般的胜利。① 一旦奥地利的经理人在德国西门子那样的企业巨头或 RTL 这样的大型媒体中担任要职,本国媒体总会发出一片过分的欢呼声。2005 年德国的刊物对奥地利景气的数据冠以"奥地利,一个更好的德国"标题加以评论时,就获得了奥地利公众格外热情的回应。

同德国这个邻邦大国的关系显现出一种情感的混合,一方面是深深的自卑感,另一方面则是对一些微不足道的成功事件过度的情绪宣泄。随着时间流逝,这种情绪可能会逐渐缓解。然而这种复杂的关系始终笼罩在共同过往

---

① 1978 年世界杯足球赛在阿根廷举行。在第二轮复赛中,同处 A 组的奥地利以 3:2 战胜了卫冕冠军的西德队,爆出一大冷门。——译者注

的阴影下,即 1938 年到 1945 年。在那段时间里,奥地利起先被称为"东部边区",后来又作为民族社会主义恐怖专制的一部分而被称之为"阿尔卑斯—多瑙大区"。一直到 1945 年以后第一共和国的合并渴望才消失,随之在同德国划清界限的过程中滋生出一种奥地利的爱国主义和奥地利的认同感,它基于对文化民族的自我认识,并具有自身的语言认同。

从经济与政治角度来看,第二共和国年复一年令人印象深刻地证明了自己的生存能力。同德国的紧密关系仍然一如既往地不可或缺,即便如此,今天我们仍然只是将之视为众多伙伴中一位强大的盟友:2012 年年底,林茨市场民意调查所进行了一次调查,征询的问题是一旦欧元区垮台欧盟理想的联盟对象是谁,奥地利人的回答中仅有 7% 赞同只和德国结盟,与此相反,有两倍的人(14%)则认为较小的中立的瑞士是理想的联盟对象。同德国、荷兰及斯堪的纳维亚国家的多国联盟更是作为最理想的方案获得了 41% 的赞同。这就传达了一个自信的信息:和德国同在一个屋顶下理所当然,但也只是同处于一个更大的联合体之中。

奥地利，更确切地说是哈布斯堡统治者家族六百四十年之久的奥地利，同德国问题紧密交织。但并不仅仅只同德国，它也和西班牙、意大利、勃艮第与荷兰，以及后来同东欧与东南欧紧密相连。

海因里希·奥古斯特·温克勒提到西边的"德国特殊道路"，这同样且可能在更大更复杂的程度上适用于奥地利：在同法国、西班牙与普鲁士等西欧国家发生冲突之后，其后果是奥地利在某种程度上被挤压到欧洲的东部、东南部和中部。于是在意大利、威尼斯、伦巴第、托斯卡纳、巴尔干、前奥匈帝国国家，直到克拉科夫、伦贝格和切尔诺维茨这样一个范围里就出现了完全另一番景象，直至今日从那里的歌剧院建筑上也可以感受到维也纳在文化上的影响。

哈布斯堡帝国是一个超民族的国体，正因如此，奥地利在同普鲁士争夺德意志控制权的过程中落于下风。早在1806年，随着弗兰茨一世放弃了德意志帝位，多民族的帝国思想就败给了民族主义，德意志民族神圣罗马帝国也敌不过法兰西革命的大潮——其实这个帝国从来就不是罗马的，也不全是德意志的，当然更不是神圣的。于是，旧日的奥地利在其最后一个阶段龟缩到无所不在的家长制生活与统治方式之中。如此一来,它就和俄国一起成为欧洲保守主义的主导势力。

从另一个角度来看也是如此:1848年革命开始时德国的自由主义与民主派还坚信,讲德语的奥地利无论如何总是属于德国。但事态的发展渐渐清晰起来,哈布斯堡帝国并不想放弃其多民族的国家——大多数斯拉夫民族也将该王朝视为某种"面对俄罗斯跨民族帝国威胁时的再保险",温克勒如此写道。

在费利克斯·施瓦岑贝格首相的中欧设想(前已述及)机会破灭后,紧接着是1866年柯尼希克雷茨对普鲁士众所周知的军事上的失败。这场损失惨重的战役决定了"德意志问题"最终以小德意志的方式实现。普鲁士遂成为德国的新教主导势力。

1871年在奥托·冯·俾斯麦的领导下德意志帝国成立。德意志帝国的出现导致了德意志民族思想在奥地利的高涨。如果说1848年意味着一个民族间的春天的话,随着民族主义思潮的上升而来的则是一个灾难性的血腥的民族间的冬天。而在民族主义旺盛的年代,里哈布斯堡王朝已经无法借助王室将其所属国家维系在一起。

多瑙君主国瓦解之后,用恩斯特·布鲁克米勒①的话说,出现了一个实实在在的"去奥地利化"。一方面,依然残留着哈布斯堡王朝跨民族性的共存,其情景犹如埃利亚斯·卡内蒂②在其自传体小说《被拯救的舌头》中所描绘的那样,每一个奥地利人都觉得自身具有多种认同。然而,从另一方面来看,语言上的民族主义趋向简直就像火山爆发。

1918年秋"德意志奥地利"国民议会的启动声明,看上去就像迈步走向1938年事实上的"合并"之路。奥地利法西斯政权自1933年开始寻找自我认同的努力付诸东流。名为"奥地利军团"的准军事组织即为逃往德国的纳粹征召而成,这是一个极具象征性的实例。

随着德国军队1938年3月12日进入,奥地利被吞并且加入德意志帝国原则上已经实施。4月10日就此"合并"举行的全民公决,笼罩在铺天盖地的宣传与史无前例

---

① 恩斯特·布鲁克米勒,奥地利历史学家。——译者注
② 埃利亚斯·卡内蒂,瑞士小说家、剧作家,1981年获诺贝尔文学奖。——译者注

的恐怖气氛之中,充其量只是一个形式:投票结果是压倒性的"是",占全部投票的 99.7%。

今天往往为人忽视的是吞并奥地利的直接经济后果:奥地利国民银行价值为 27 亿先令的外汇与黄金储备被运往柏林,这笔财产比德意志帝国银行还要多 18 倍,它支撑了德国整整九个月的军备制造业,是希特勒入侵的一个决定性原因。

然而这并不意味着,对其生存能力产生怀疑的奥地利人瞬间就变成坚定不移的德国人:在"等级制国家"中已经牢固的奥地利意识即便在纳粹专制年代依然延续,此种情景在众多抵抗运动组织特别是共产党员中体现得格外明显。许多奥地利名人犯有纳粹罪行是毋庸置疑的,同样无须怀疑的是,以其人口比例来衡量,奥地利在抵抗希特勒德国的运动中牺牲的人数最多。

这样的年代里,一种地区自豪感依然在持续燃烧:一些容易激发情绪的契机如足球比赛,例如 1940 年和 1941 年阿德米拉对阵沙尔克 04 或维也纳快速对阵沙尔克 04,其所流露出来的"奥地利倾向"不时地会激起纳粹报道的反感。值得一提的还有,一次在城堡剧院上演格里尔帕策的《国王奥托卡的盛衰》时,在奥拓卡·冯·霍尔内克那段著名的奥地利演讲之后观众们自发地爆发出喝彩声。

随着战争的持续,旧日政治精英中赞同合并的那些人也开始抛弃一个共同民族的想法。1943年初夏,后来担任联邦总统的阿道夫·舍夫认为"合并已经死亡",此人曾主张合并。在1955年出版的《奥地利的革新》一书中他写道:"奥地利人已经去除了对德意志帝国的喜爱。"

1945年以后,尽管奥地利并未参与拟定莫斯科宣言,但由于该宣言的效果奥地利被视为战争受害者,而德国则单独承担战争的罪责。这一点犹如一道阴影长期笼罩在两国关系之上。其实德国早就开始反思其发动战争与屠杀600万犹太人的责任,正是纳粹党人的种族歧视导致他们的死亡,对此我们从维利·勃兰特1970年在华沙的下跪即可看出。而在奥地利,直到联邦总统托马斯·克莱斯蒂尔与联邦总理弗朗茨·弗拉尼茨基、维克托·克利马以及沃尔夫冈·许塞尔,通过他们在以色列和奥地利议会值得纪念的演讲才迈出了重要的步伐。

可以确定的是,战争结束后的最初年代里奥地利居民除了相信国家之外根本没有其他任何选择。因为重新与德国接近即使是在国际上也完全违背人愿。

从内政上来看，1949 年以后，当独立人士联盟成为昔日民族社会主义者的聚集地时，民族问题重又激起热烈的讨论。"奥地利是一个德意志国家。它的政治必须服务于全体德意志人民"，这是独立人士联盟 1954 年党纲中的一段。后来独立人士联盟演变成为今日的奥地利自由党。

1955 年签署的《国家条约》中包含禁止与德国合并的条款，从而在国际上固定了这一事实，也是促使奥地利独立自主的一种正面压力。如此一来，向正在强大起来的（西部）德国靠拢在政治上便成为禁区。罗马条约签署后不久，1957 年起当时的联邦总理尤利乌斯·拉布曾意图加入新成立的欧洲经济共同体，今日欧盟的前身。然而这一意图在苏联人坚定的"不"面前遭到失败，他们将此种行为解释为与德国的新合并，即如胡戈·波尔蒂施在《现在怎么办》一书中的说法，是明显背离《国家条约》的规定。

但是在德国经济奇迹年代，奥地利犹如处在下风区从邻国史无前例的繁荣中获益。铁幕关闭以及与此相连的经济窘境在某种程度上逼使奥地利的经济倒向西方。

1971 年起在另外一个领域里出现了一种固定的联系：

先令，奥地利的货币渐渐地升值并在这些年里同德国马克固定挂起钩来。背后的战略考虑如同在和它进行自行车比赛，要么处于领先方阵，或者落后并处在中间方阵里。德国的通货膨胀在这些年里极低，显示出一种稳定状态。对奥地利来说，十分清楚的是，一旦不能跟上德国人或者瑞士人的速度，在经济上就会被远远地抛在后面。

从长期来看，先令与马克挂钩明显地改善了奥地利的竞争能力，心理上也意味着德国与奥地利的关系进入了一个新的阶段：两国在经济与货币政策领域有着越来越多的共同点，硬通货政策是"对独居安乐小岛享受太平生活的一种抛弃"，政治学家安东·佩林卡如是说。如同德国人以其坚挺的德国马克为骄傲，奥地利人也同样因其先令而自豪。长期以来脆弱的奥地利认同感因此而获得了一个新的基石。

1989年起，随着柏林墙的倒塌，"德国问题"突然成为世界议论的话题，这也对上述的认同基石间接地产生了巨大影响：一个重新统一的德国在人口及经济实力上是欧洲最大的国家，在许多人看来似乎成为世界秩序的潜在危险。仿佛作为一种平衡，通向货币联盟的道路随之开启，连德国马克也要融入统一的欧洲货币——欧洲统一进程具有深远意义的步骤,而今天看来其中的结构性缺陷十分明显。(见本书《欧洲意识与国家自豪》一章)

奥地利于 1995 年加入欧盟,接着在 1999 年加入货币联盟,2002 年开始启用欧元现钞,现在和德国一起属于一个更大规模的统一体。几乎与此同时出现了东欧的开放和昔日东欧阵营国家逐步地与欧盟一体化,这些东欧国家是捷克、波兰、斯洛伐克、匈牙利、斯洛文尼亚以及克罗地亚。在这样的形势下,奥地利本国经济的行动半径明显地向着东方与东南方扩展,在当年哈布斯堡的王室领地成功地开辟了新的销售市场。同德国的贸易往来依然良好地维持在高位:2012 年双边贸易总额为 870 亿欧元,其中奥地利向德国的出口为 380 亿欧元,进口为 490 亿欧元。我们的强大邻国占奥地利出口额的 30%。然而十年前这种依赖还要明显得多,在东欧开放之前加上民主德国,向德国的出口几乎占到 50%。

德国与奥地利尽管存在着各种规模与数量上的差异,但相互之间的经济竞争今天在各种不同的层次上展开,这是一眼就可以看得出来的。奥地利企业向今日欧洲经济上最强大的国家拓展,从家居用品到建筑工程公司都出现了一系列成功的实例。金融业本来非常重视向东欧扩张,现在也紧随着其客户进入德国的南部地区:二十年来尤其是上奥地利的地区银行取得了成功,它们在巴伐利亚和巴登-符腾堡构织了令人瞩目的分支网络。

不仅仅是经济领域,在文化与语言上双方的往来也更为紧密。两国在剧院和出版业方面有着许多合作。就连德国私营电视台也广受喜爱,它们在语言上对奥地利观众产生了影响:语言学家们不断指出,奥地利德语面临着被北德词语和英语挤压的危险。

或许我们现在听到"Tomate"和"Treppe"比"Paradeiser"和"Stieg"①更多,但尽管如此,今天面对德国的无疑是一个明显更为自信的奥地利。即便是奥地利自由党的党纲与表述也将奥地利爱国主义置于中心地位。这就表明,没有任何政治派别敢于将"德意志民族"称之为共同的基石。此外,民意调查也表明,除了某些冥顽不灵者,特别是

---

① 奥地利与德国同操德语,但奥地利德语有其独特现象与词语。此处的 Paradeiser、Stieg 均属奥地利德语的词语,等于德语中的"Tomate"(西红柿)、"Treppe"(楼梯)。——译者注

在年轻人中间,德意志狂热已经消失。

还应看到的是,1945年以后社会民主主义在奥地利要比德国发挥了更大的作用:奥地利社会党自"二战"结束后有三十七年之久执掌联邦总理之职,而在德国,社会民主党总理主持政府的时间只有二十年。

当前在欧洲范围内正在激烈地争论,鉴于其历史是否允许经济上最强大的德国发挥领导作用,甚至出现一种"德国霸权"。其实这并非新问题:美国前国务卿、有着德国血统的亨利·基辛格谈及1871年俾斯麦帝国时就认为,德国"对欧洲来说太大,对世界来说太小"。

毫无疑问,今后一些年甚至几十年里,欧盟和欧元区内必须协调好与这位强大邻国的紧密关系。在当今经济形势下,欧洲其他许多大型经济体,如意大利、西班牙、法国还有英国都在衰落,德国发挥领导作用便是符合逻辑的必然。对此还必须清醒地认识到,协调一致并非一条单行道:人们必须时时回顾历史,德国本身在1953年的伦敦债务协定中就获得过巨大的债务豁免。

德国对奥地利的影响非同小可,就像德国对其他邻国一样,无论是丹麦还是荷兰、比利时、卢森堡或者瑞士,以及法国,当然更有波兰和捷克。但是在德国发光的并不都是金子。德国有着欧洲大约最古老的居民,其科研成就处于核心地位。德国的能源政策导致其家庭能源花费高于欧盟平均水平40％。德国同样需要欧盟。尽管如此,在可预见的未来,德国不仅在经济上并且在金融领域内将保持其经济大国的地位。德国必须继续成熟地对待自己的历史责任。

我们应该承认德国强大这一事实,并自觉地利用与其紧邻这种关系。在欧洲的区域竞争中除了瑞士之外以德国为榜样,这是我们无需回避的。

尽管如此,德国毕竟只是我们8个邻国中的一个,其他邻国有着罗马、阿雷曼、马扎尔、北与南斯拉夫血统。即使克罗地亚、波斯尼亚和塞尔维亚与奥地利并无直接的边界,但在文化上却等同于我们的邻国。因此,仅仅基于历史的考虑,我们在尊重西北部邻国的同时也不应忽视东方与东南方。如同继续不间断地维护西部与南部的邻国关系一样,我们也要珍惜铁幕打开之后重新建立的与这些邻国的关系。

必须时刻牢记:历史的幸运在第二次世界大战以后站

在了我们这一边。奥地利不仅没有落在铁幕之后,还从马歇尔计划中分到了一杯羹,对此我们没有权利自傲,而要更多地意识到一种义务:去珍重昔日东欧阵营国家,在政治与经济上帮助它们迎头赶上。

拥有自身经济实力的奥地利已经不再是需要依附于强大兄弟的小国。它可以通过明智与持久的邻国政策成为上升中的东欧与东南欧国家的对接点。

像瑞典这样的模范国家最近也出现在负面新闻之中,该国爆发出主要由年轻移民参加的持续数日的骚乱,即便如此,可以断定,尽管移民占其人口超过11%,迄今为止奥地利仍令人称奇地妥善解决了这一问题。究其原因,在某种程度上可以说我们同这些移民国家具有较大的文化相关性:按国籍划分,来自前南斯拉夫的,除了欧盟成员国克罗地亚与斯洛文尼亚之外的移民最多,目前为23.9万人。接下来是德国(15.78万人)、土耳其(11.3万人)以及克罗地亚(5.9万人)。邻国关系并不仅仅是单一民族国家的事务,也是这些输出移民的国家自身要面对的事务。

如果安东·维尔德甘斯①1929年关于奥地利的演说今天听上去还是那样慷慨激昂的话,则深深地意味着一项托付,向一个乐意担当桥梁国家的托付:维尔德甘斯在其著名的演说中将操德语的奥地利人比作王朝的心理遗产,他们"想的与说的都会涉及整体国家,学着翻译多国语言,感觉却十分奇特,即使译成本国文字后的每句话可能都会符合原意,但听上去不仅在语音上而且在意思上都会是另一番意味。正因为如此,奥地利人就变成了会为他人设身处地去想的人,是的,不得不用外国民族的心理感觉、外来人的精神情感去想,这样一来,他们就成为人类学的行家,精神世界的行家,一句话:心理学家。而心理学是人类与各民族共生的必备知识"!

恰恰是由小国来承担中间人的角色,这并非只是针对奥地利。当今欧洲,一面是经济繁荣的德国和一个更为成功的瑞士,另一面是新的蒸蒸日上的昔日东欧集团与前南斯拉夫国家,在这样的形势下,推行积极与活跃的全方位的邻邦政策的机会,比以往任何时候都要大。

---

① 维尔德甘斯(1881—1932),奥地利剧作家和诗人。——译者注

4 民粹主义与民粹思潮

民粹主义是对民粹情绪的错误回应。低俗报刊和电视作秀的广告与娱乐并不可靠。总是盯着民意调查和支持率排行会令人丧失机会,去找寻应对当前时代艰难问题的可靠答案。

在经济危机时代,往往是那些鼓吹最简单解决办法的人容易获得追捧,其论调如:此种状况或某个人物对如此困境难辞其咎,接下来该做的就是,除去此类祸害,一切就会改变。替罪羊可能是欧元、社会主义或某个人口群体,20世纪的历史已经再清楚不过地表明了这一点。

近年来在很多欧洲国家政治上的选择范围越来越多,出现了新的民粹主义政党,有些在选举中还取得了令人震惊的战绩,随后又消失得无影无踪。无论是德国的"海盗党"还是意大利的喜剧演员毕普·格里罗[①],他们受到公众

[①] 毕普·格里罗,意大利著名喜剧演员及博客作家,是意大利左派政治组织五星运动的领导人,其言论极具争议,并在意大利地方选举中大出风头。——译者注

的追捧应该归之于巨大的不满和糟糕的氛围,但这种情况并不完全符合事实。而在奥地利,这类抗议运动与新组织的成功尚属未定之天。

在对这些简单的解决方案的质疑声中,有两种应对民粹主义的方略值得一提。其一是从长期着想:构建外部条件以便具有自我意识的市民阶层(今日则称之为中产阶级)能够相信自身的能力,敢于应对纷争,乐观面对未来,能够依靠自身的力量解决问题。其二当下即可实施:政治领导人为人民尤其是年轻人提供愿景、方向与支持。

在奥地利具有自我意识、独自负责并主动创新的人群始终较少,这是有着众多历史原因的。如本书《改革的"上层"推动》一章提及的反宗教改革即为其中之一:新教被挤压到基督教的几块飞地,即从拉克斯到达赫施泰因的拉姆骚,从布根兰到萨尔茨卡默古特一带。这样的信息从反面提示:抵抗是没有用的。因此,自我负责的精神从未能够在广泛的层面上落实,而这样的精神连同其部分为极端的道德背景,原本深深地根植在新教教义之中,对此只需联想一下苏格兰启蒙运动、加尔文主义以及清教主义就很清楚。流传下来的是对当权者的信任、从属或接受,这正是君主专制之后奥地利接受的认同。

即便是"三月革命"之前时期的政治制度也造成了某种"资产阶级的迟到"现象。玛丽亚·特蕾西娅与约瑟夫二世自由的改革政策固然为多瑙帝国顺利的工业化创造了有利的起始条件,但拿破仑战争的负担,再加上新的政治浪潮,都使得这个多民族国家在19世纪上半叶里风雨飘摇。诡计多端的梅特涅伯爵在弗朗茨一世与斐迪南一世时期担任宰相,他当时监护的欧洲已经丢弃了拿破仑的改革,面临着日益上升的民族主义浪潮,而在政治上却继续抱残守缺。尤其是关税保护制度阻碍了现代化与集中化大生产的势头。因此,相比其他地区,奥地利手工作坊的生产方式持续时间更长。施泰尔马克伟大的改革家与革新者约翰大公当时主要是通过出访外国来获取其技术革新的手段与思想,但即便连他试图借阅外国书籍时也会遭到检查。

如此一来,奥地利便丧失了工业发展上的一个重要阶段,而其中一个特别的缘由便是出于对潜在的工业无产阶级革命的恐惧。罗伯特·穆齐尔对这样的奥地利做出如下的描述:"一个拥有特权企业的国度,一个只有持有安全通行证与承诺才能运作的企业主的国度,如此这般,企业家还有何德何能。"显然,如此尖锐的评论直到20世纪依然适用。

从蒸汽机的装备数据即可看出奥地利的这一弊端:1841年奥地利有223台蒸汽机,总功率为2798马力;普鲁士1840年则已经拥有608台,总功率为11641马力。如果以整个奥匈帝国来计算,这个面积为62.6万平方公里国度的铁路总长仅为1.9万公里,相反,英国的面积为13万平方公里,铁路总长达3万公里,法国的面积为54万平方公里,铁路总长亦为3万公里,而德国的铁路网已经超过了5万公里。在工业领域,奥地利的弱点则直接反映在工业产量上。1800年至1888年间德国的工业产量几乎增长了10倍,奥地利的增长则仅为其一半,大约5倍。同期全世界的工业生产增长了7倍,这就意味着奥地利还低于世界的平均水平。

决定这种结构上的落后还有文化方面,更确切地说是教育方面的因素。在约瑟夫二世时代狂飙式的革新运动之后,直到19世纪中期奥地利整个学校管理体制还维持在1780年的地位。教科书仅有少许变动,大多数教材仍然延续着18世纪的大纲。例如,1812年至1848年使用的德语教科书还一如既往地热衷于弗里德里希·戈特利布·克洛普施托克、戈特霍尔德·埃夫莱姆·莱辛以及克里斯蒂安·菲希特戈特·格勒特的作品。关于弗里德里希·席勒仅有一些尝试,至于约翰·沃尔夫冈·冯·歌德的诗作则几乎不敢提及。其他诗歌,从狂飙突进到德意志的浪漫主义一片空白。对于约翰·戈特弗里德·冯·赫尔德"对其他民族的正当情感"这一名句,当时奥地利的大学生显然一无所知。

正因如此,在那个自由主义成为经济政策指导思想的时代,自由的思想财富在奥地利社会的灌输受到了遏制。当年世界各地风行的人生基本态度是开明自信,即乐观向上地应对命运中的风险与偶然,而奥地利的教育体制却反其道而行之,向人们灌输了一种甚为缺乏效率意识、悲天悯人、听天由命的保守态度:社会和世界观范畴的安全感只能维系在国家与宗教共同体界限之内。皇冠与祭坛之间的联姻阻碍了现代化。

在新教国家有着更好施展机会的自由主义成了奥地利天主教阵营的眼中钉,而市民阶层的大多数都属于这一阵营。19世纪下半叶发生的事实证明了他们对自由主义的憎恨有多深：维也纳教会报是1848年由梅特涅的一位宠信创办的，该报发起了一场针对个人自由生活方式的斗争，这场斗争一直延续到世纪之交，深得王室的欢心。

而在其他地方，例如普鲁士则完全是另一番情景。普鲁士在17世纪已经接纳了胡格诺派教徒，而在奥地利，萨尔茨堡侯国1731年在"萨尔茨堡大迁徙"中还将新教教徒驱往普鲁士。普鲁士早在19世纪伊始，即在拿破仑战争失败以后就已经开始实施内部变革，在政治体制中引入法国革命与启蒙的思想。自由主义的时代精神体现在施泰因1807年颁布的法令之中，紧接着又有哈登贝格的改革以及1834年的德意志关税同盟。尽管1815年拿破仑最终战败之后这样的改革部分受阻，但在经济政策上自由主义的脉络依然留存。业已启动的农业改革、开放职业自由以及新创立的自由贸易区，所有这些措施都是19世纪下半叶德国迅速实现工业化的重大前提条件。

相反，在奥地利，工业这个行业从来就没有享有崇高的社会威望。历史学家亚当·万德鲁什卡曾指出，与帝国那些古典阶层的人士，例如军官、官员和地主相比，工业界被授予贵族称号的人物明显少得多。

私人从事工业项目时不仅缺乏资金，而且也缺乏合格的企业人才。这样的缺口在帝国时期从未弥合，只是通过"引进"外国企业家得以缓解：他们来自德国、波西米亚和摩拉维亚，主要是一些新教教徒和犹太人。那些封建社会的高贵阶层要么拥有地产或林产，再不济就是军官或外交官，从事经济事务显然并不符合他们的身份。

自由主义只是19世纪70年代在奥地利才短暂地发出火花：在与匈牙利协调后自由党成为奥地利地区的执政党。在此期间直到1873年股市崩盘兴起了一股建设热潮。自由党人、蒙冤遭致遗忘的维也纳市长卡耶坦·冯·费尔德领导下的"经济繁荣时代"，涌现了环城建筑、工厂、工业设施、铁路、银行、建筑企业、保险公司等等。对教会提出的大众教育与辅导等要求，自由党人坚持其敌对的立场，并通过废除与梵蒂冈的协定削弱了教会在教育领域和婚姻法方面的影响。

然而经过股市崩盘自由主义名声尽丧，沽名钓誉之徒堂皇登场。格奥尔格·里特尔·冯·舍纳尔1873年还作为自由德意志进步党的代表被选入国会，1876年便退出该党,1879年成为德意志民族运动的党魁,其党纲是民族社会主义与反犹主义成分的杂烩。

尤其是议会中民族主义思潮的狭隘与闭塞,从下述一件离奇古怪的事情中可见一斑,此项事实已经差不多被人遗忘:在确定阿尔卑斯山铁路南北交叉路口时,从交通便利角度考虑本来应该穿过费尔伯陶尔隧道沿加施泰纳山谷向南,而在帝国国会德意志民族主义的议员们看来,费尔伯陶尔隧道另一头的第一个地点温迪施—马斯特莱,此乃斯拉夫名字,对此他们难以忍受。他们宁愿选择另一个地点,因其名为圣血,但对沿着加施泰纳山谷旅行的人来说,这个地方是位于克恩腾州阿尔卑斯山的南端。这种改动对交通是否便利他们根本不予考虑。(至于马斯特莱人将其地名改为东蒂洛尔,那实在为时已晚。)

舍纳尔早期的信徒有卡尔·卢埃格尔,基督教社会党的创始人,其后担任过维也纳市长,还有社会民主党的创始人维克托·阿德勒与恩格尔贝特·佩纳斯托费尔。上述两党在第一次世界大战前迅速壮大成为群众性政党,从而挤压了自由主义的发展空间,以至于1918年以后再也没有产生过一个自由主义政党,但在某种意义上三种趋向的政党身上都有其痕迹可见。最后还有那位阿道夫·希特勒,也受到舍纳尔思想的影响,并是卢埃格尔的追捧者。

民粹主义者与蛊惑人心者两者之间的界限,过去和现在都很难分得清楚。令人惊讶的是,在起初十年成功之后,第二共和国对救世主俯首称臣的倾向并没有减弱。1986年"第三阵营"有了约尔格·海德这位新党首,该党摇唇鼓舌地反对比例代表制与外国人,到了90年代末就赢得了差不多四分之一奥地利选民的支持。与此相反,90年代中期从奥地利自由(frei)党分裂出来以"自由主义"(liberal)命名的一派登上政治舞台,其纲领在经济与社会政策上都具有雄心勃勃的自由主义倾向,现如今只剩下两个国民议会席位在苟延残喘:自由主义论坛今天只能成为其自身的一个鬼影而已。

当前奥地利的政党版图中自由主义已经不复存在,在奥地利社会民主党与奥地利人民党这两个全民党的身上已经不见自由主义的踪影。并且也没有任何一个政党能够声称可以在广泛的层面上显示出自身的经济事务能力:从前此乃奥地利人民党的专有领域,克赖斯基执政时期的奥地利社会民主党成功地显示出在这一领域的精神优势与实践能力。今天能够看到的只是自由主义的一些片影断痕。

谁若注意到关于商店星期日营业的讨论重新燃起的话,一定只能感受到那种根深蒂固的反对开放的情绪。其理由的矛盾之处十分明显:周日营业的反对者主张,同一天有轨电车与公共汽车也要营运,餐饮业与医院也要开门。在什么条件下允许放开商店的营业时间当然需要讨论。但原则上的反对则表明了一种态度,即显然是在遵循着反对改革者的格言:"不行就是不行。"

需要指出的是,这里并非强调推行弗里德里希·哈耶克主张的自由主义,而是更倾向于类似瓦尔特·欧肯的秩序导向的自由主义,其中包含着国家的干预权力。自由主义可以成为中产阶级对抗民粹主义的基石,然而21世纪首个十年里新—新自由主义的弊端显现后,自由主义的名声再度遭毁。自由主义成为社会共识的机会在式微,而接受形形色色美妙的政治许诺的可能性却在增加。

1995年奥地利加入欧盟,这原本是90年代与21世纪第一个十年里难以估量的国际化动力,也是提升国际比较地位的机会,然而正是在上述背景下如此的良机并没有获得足够的展现。依据当前的民意调查，有四分之一的奥地利人愿意在下次选举中将选票投向一位亿万富豪，此人是从奥地利自由党一个分支的票仓里捡到一个席位。奥地利的"格里罗"呼之欲出。

其中的缘由不能仅仅归咎于历史的延续性，在福利国家及其他领域改革的必要性面前深深的无助感也是个中原因，对此本书引言中已经做过阐述。过度膨胀的福利国家在奥地利已经导致某种程度的贪图安逸、娇惯享乐以及要求国家大包大揽的心态，而随之产生的则是不能令人满意的工作效率和明显匮乏的职业能力。从摇篮到坟墓，一切都受到照顾，此外还尽可能地实现免费——本着这一信条一代又一代人过着好日子。而现在忽然之间他们要探询究竟了。其实十分清楚：自我负责、自主创新与自我照顾是自由、责任与团结互助的前提。有效率公正，才会有分配公正。两者的前提条件都是在教育领域实现机会均等与透明的上升空间。

我们常常抱怨贫困的威胁，实际上对此已经产生了一个贫困威胁的市场氛围。但是只有在同时发表有关富裕生活的报告时，贫困报告才会发挥作用。一旦如此，人们就会发现,二者并不能相互对应。无论如何,就分配状况而言,在世界范围内奥地利还是属于最为均衡的国家之一。

很多情况下人们缺乏热情,缺乏全身心的投入,缺乏工作能力,原因就在于制度。一个并非凭空捏造的事例:奥钢联一个分班制的工人每月毛收入为2800欧元,净收入为1810.75欧元。他的一位提前退休的邻居所得几乎不比他少,另一位邻居住在磨坊区,是一位失业者,如果再干点什么的话,收入甚至超过他。我们不能对此熟视无睹,即越来越多的人不再想工作,因为工作的净收入几乎并不高于领取救济者的所得,此外他们还享受相关的优惠。

绝大多数奥地利年轻人在民意调查中表示,他们人生中最重要的两大目标是安全与自由,但是这样的回答与现实表现多少有些不符。林茨大学不久前调查在校大学生,其中30%声称,他们的职业目标是做公务员,仅有17%的学生愿意进入面向国际的竞争性行业。这样的结果十分明显地暴露出双重问题,即缺少应有的刺激及刺激错误。

这样的问题在一个领域里暴露得最为明显与严重,直接涉及未来,即我们的孩子:我们的出生率属于世界最低的国家,与此同时我们对家庭的优惠补贴按国家支出的份额计算又属最高的国家。正是在这一方面,出于社会和教育的考虑必须实施正确的刺激导向,诸如为学前儿童扩充高质量的全日制幼托机构,以及发展交汇型全日制小学,即如法国那样,法国的出生率就明显高得多。就这方面而言,现在和将来都是一项紧迫的政治任务。尤为重要的是必须减少部分时间就业的妇女比例。

在拓展政治文化时还面临着另一个难题:媒体世界里那些无关紧要的消息被放在显著的地位,如此氛围中,人们对事物的关联性与发展趋势的理解以及有关信念与视野的认识正在消失。而从中获利的是政治上分化出来的那些小团体,领头的不外乎是一些引人注目且善于自我表现的人物。媒体学者尼尔·波兹曼在评论阿尔多斯·赫胥黎①最著名的小说时这样写道:"在美好的新世界里人们的痛苦并不在于用笑声去代替思考,而是不知道他们在笑

---

① 赫胥黎,英国小说家与评论家,作品以优雅、风趣和悲观主义的讥讽著称。赫胥黎是杰出的生物学家托马斯·亨利·赫胥黎之孙。——译者注

什么以及为什么会停止思考。"

最为突出也最令人不安的是，越来越多的人不再积极参与政治生活，例如不再行使他们的民主选举权利。在各州议会选举中投票率达到了历史低谷。奥地利学生会选举时28%的投票率表明，积极努力地塑造自身外部环境的人越来越少。不参加选举的趋势在持续，如果空洞的表白和政治机会主义继续胜过明确的设想与纲领的话，这一趋势还会强化。一旦政治堕落成脸谱事件及娱乐活动，浅薄的娱乐时代就会来临。

最为险恶的是这一类政治大杂烩，它们格外要求经济能力而非单纯政治上的能力，在此背后隐藏着富有广告色彩但却错误的信仰，即可像管理一家企业一样去管理一个政党和一个国家。政治固然必须强化诸如效能和成本意识等标准的考量，但除此之外能干的政治家还必须要有远大的目光，并能够向选民做出解释，且自身亦能将之转化为具体政策。

现在对各类问题并不缺少方案、专家鉴定以及权威的对策建议。真正缺乏的是大胆的决策并付诸实施。奥地利已经将议会任期由四年延长到五年，但这样的延长却并没有带来更多转机。

为了不让人们对政治的失望情绪继续上升,不给蛊惑人心者提供更大的空间与土壤,这种延长恰恰是一剂错误的药方。只要存在真空,就会出现这样的团体,他们依靠着前台的抗议活动而生存,且并不需要什么整体设想,也无需向人们指引方向。正因如此,奥地利未来的最大危险将出自于这样的政策,即没有力量提出所面临的迫切任务,也不能坚定不移、果敢顽强地关注其目标。遗憾的是随大流的政治家越来越多,具有坚定信念的政治家日益稀少,所以是时候唤醒人们了。

围绕玛格丽特·撒切尔的诸多说法中对事实的认定是混杂的:她复苏了僵化的产业结构,但通过放松监管与自由化使得伦敦"城"从实体经济脱身,变成轮盘赌——资本主义的一个中心。不能否认撒切尔的领导才能,她是一位曾经对英国、欧洲与世界有着决定性影响的女性。

我们不时听到富裕社会的说法,然而这个富裕社会不再出现像温斯顿·丘吉尔、维利·勃兰特、赫尔穆特·施密特或弗朗索瓦·密特朗那样水平的人物,基于世界大战的经历他们具有承担领导使命所必需的坚定性,从而能够塑造与改造社会,同时也能与他人合作。

尤其在欧洲,我们都抱怨领导人越来越弱。在英国,大卫·卡梅伦尽管取得多数选票还是与自由民主党联合执政,正面临摇摇欲坠的危险。法国总统弗朗索瓦·奥朗德执政刚满一年,受到的评价已经是历届总统最差。至于德国的安格拉·默克尔及其领导的党派,虽然在此期间已经失去了所有的地方选举,但在民意调查中仍能获得几乎40%的支持,这就不能不产生小小的轰动了。

毫无疑问,今天的政治任务更为繁重,因为环境变得更加复杂,负担更加沉重。社会变得碎片化,也更为混乱,因此,与以往相比,两大全民党的影响在下降,同样,工会和天主教会也在为其成员的消失而苦恼。选民变化无常且越来越不受约束。

我们在提及福利国家时谈到错误的刺激或缺少应有的刺激,这样的问题同样也适用于政治领域:公务人员的薪资与私人企业的工酬之间的差距明显过大。为此值得建议:由独立的专家制定相关的薪资与养老金标准,该标准适用于自联邦总统起全体公务人员,并应提交选民批准通过。我们一直在无休止地争论政治家薪酬与国际上相比是否过低,如此就可结束这样的争论。

进入政界的能干人才越来越少,对此仅仅用薪资过低与负担过重是无法解释的。世界上有很多国家过去几十年里在制度和领导人才方面都取得了很大进展,这里还要再次提到斯堪的纳维亚国家。美国现任总统巴拉克·奥巴马是一个特别具有魅力的范例,他推动了美国产业政策令人影响深刻的转折。领导人物总是层出不穷,他们带来社会变动,面对逆境如经济不景气或大众媒体等绝不推卸责任。但要及早发现他们,并且给以支持和系统化的培养。只有这样他们才能以其权限与能力展示出前景,去迎击形形色色的左右两端的势力。

民粹主义是对民粹情绪的错误回应。低俗报刊和电视作秀的广告与娱乐并不可靠。总是盯着民意调查和支持率排行会令人丧失机会,找寻应对当前时代艰难问题的可靠答案。新加坡国父李光耀说:"倘若你忙于顾及你的排行是好了还是糟了,那你就不是领导人物……人民在一段时间里怎么看我,对我来说完全无关紧要。"

秉持这样一种态度并力求坚守自己的立场,委实为一项艰辛至极的任务。伟大的德国社会学家马克斯·韦伯下述名言的正确性至今未有丝毫改变:"政治意味着在硬木板上有力缓慢地钻孔,它既需要热诚,又需要眼力。"目光短浅、急不可耐、短期的民粹主义正是其反面。

5 数字革命下的教育

谁能掌握并不断地更新技能,才有可能保持或具有竞争能力。合理运用并通过全面改革的教育体系的传授,数字化辅助手段将会有助于改进教育与培训,进而为全社会持续且深刻的发展做出贡献。

18世纪中期开始的工业革命机器代替了人力。我们现在身处的数字革命时代,脑力将逐渐被计算机代替,当然并非全部,就像人力并非完全无足轻重一样。但是在越来越多的领域里,迄今为止人脑所从事的工作正在用电脑来操作,或者用电脑来加强甚至超越。

这一发展的结果尚属未定之天。而我们的日常生活却已经产生了戏剧性的变化。我们不仅可以电子化而且能用手机预订航班座位。这同样适用于银行转账或者购买书籍、花卉与日常用品。我们的移动终端可以找到山顶,显示下一个加油站,并导引出从 A 处到 B 处的最佳路线。数学的算法在代替人的搜寻与选择过程。我们所说的并非是一种边缘现象:据最新数据,全世界有 11 亿人拥有一台智能手机或笔记本电脑。手机的数量不久就会同人口一样,有望在 2013 年达到 70 亿。

这样的发展对经济生活的重要领域尤其是劳动力市场的影响巨大:银行、旅行社的窗口职员以及越来越多的"知识工人"面临着随处随时可见的计算机的竞争。在生产部门如 3D 印刷技术创造了分散制造的新机会。一种流传已久的恐惧是,数据革命会摧毁而并非创造更多的就业岗位。然而这样的恐惧也一直伴随在工业革命的过程之中。制造业部门消失的就业岗位总是会被服务业与新产业所创造的新岗位来替代。同样如此,这场革命也不会吞噬掉他们的孩子,而是为他们开启新的就业天地。

今天的职业明天或许就不再存在,或者即使存在也是换了另外一种形态。为职业天地的持续变革做好准备——这是教育体系中有关各方的一项任务。回首过往有助于理解这一点,因为这样的变革原则上并不新鲜:20 世纪 20 年代维也纳还有有轨电车清道夫,专门负责清洁道轨。车架制造工、铁匠、印刷工,这些行当都被技术的进步所淘汰。至于车工和金属加工部门的电焊工,今天都可以使用电子设备来操作。

数字革命时代变化的速度会更快。我们可以假设,孩子们跨进校门时还存在的一些职业,当他们作为成年人进入职业生涯时已经不复存在。我们还可以假设,到那时会出现新的职业图景,现今它刚刚显露出轮廓。在一家企业或者一个行业里终身就职越来越不现实。

谁能掌握并不断地更新技能,才有可能保持或具有竞争能力。为了能够利用数字革命,必须对教育事业做出重大变革。今天以及将来考试成绩已经没那么至关重要,重要的是适应迅速变革的能力。我们应该教会孩子"准备好变革"而不是"准备好上大学",正如哈佛大学教育研究生院托尼·瓦格纳的中肯之言。

有鉴于此,教师这个职业本身必须重新定义。在教师的教学生涯中,诸多专业领域新的开拓性知识并没有足够和及时地吸收到日常的课堂上来。不要再继续去灌输和无休止地重复那些书本知识,而是要更多地传授能力,即去何处找到问及的内容,如何分辨秕糠与谷粒,以及能制作成什么产品。知识的半衰期在日益缩短:17 世纪的戈特弗里德·威廉·莱布尼茨还可以用一张图表揽括出当时的全部知识,今天的知识量如此巨大,那种百科全书式的填鸭灌输就显得十分荒谬了。

与以往相比,教师这一职业更需要教导传授的能力以及与年轻人一起工作的热情。未来的教师是能够激起行动的人,是汇总贯通知识的主持人。同时教师的道德伦理功能将会显得格外重要:技术上可行的并非全部有益的,更不是可以从道德上来辩解的。并非每一项进展都是进步。同理,21世纪的数据化手段犹如双刃剑:正确的使用会得到益处,但它亦能产生伤害甚至致人于死地。

为了确保所有这些技能,需要实施师资培养领域的相应改革,以便遴选最为合适的对象。在师资培养方面的一个模范国家芬兰,2010年足足有6600人竞争教师岗位,其中只有十分之一的人通过考试被录用。而奥地利迟至今日才犹豫不决地着手教育改革。其实应该在这一过程中加大竞争的力度。对教师来说,学校这一工作岗位不应成为遮风避雨之地,而是稳定并赋予拓展能力的全天候部门,它可以提供应有的工作条件。

然而至关重要的前提条件仍旧是,男女教师们要喜欢年轻人并将其职业视为天职。具备了这一条件,一切问题终将迎刃而解。

在全面的教育改革进程中,原本总是成为公众舆论激烈批评对象的教师将会重新赢得社会应有的承认。学校的好坏取决于教师。一旦明白了这一点,在培养下一代承担未来繁重任务的过程中,教师这一职业的巨大作用便毋庸置疑。借助这样重新赢得的名声在学校里确立必要的纪律也就不会太难。

也有很多出色的教师,他们受其行业团体不正当的裹挟而不能发挥作用。为了充分发挥他们的长处,需要从各个方面提供帮助:外语教师、心理学家、残疾人与移民教育学者、社区工作者以及具有专门知识的人,他们可以帮助教师摆脱那些行政事务。

至于今天的架构出了问题,事实可以证明。今天教师的数量几乎比70年代翻了一番,而孩子的数量在减少。审计署判断,2006年至2010年间奥地利普通义务教育学校教师的薪酬总额将会增长10%,同期学生数量则几乎下降7%。尽管如此,奥地利的课外辅导市场依然红火,每年估计为16亿欧元,实乃明显的不公。

神经病学家、教育学家以及教师们早就告诉我们:每年180天半天上课,每节课为普鲁士军营的标准50分钟,这还是玛丽亚·特蕾西娅时代定下的规矩,而在21世纪已经行不通了。这种形式上的僵化剥夺了孩子们的乐趣,家长们深感失望,而面对崭新的任务教师们也力所不逮,因为他们无法在旧体系中塞进新的内容。

应该承认任务日益错综复杂。家长和老师们今天面对着数字化的负面影响:数以十亿计的短信传来传去,其中的内容或多或少是微不足道的,几个小时坐在电脑前一动不动,慢慢地变得离群索居,结果往往没有时间和意愿去读书,走进剧场、音乐厅或歌剧院。在这样的情景面前束手无策就意味着各种类型的教育开始走向尽头。

基础教育早先往往被挖苦为幼儿园教育,因为其中还没有涉及"人生的重大问题"。但在今天看来,十分清楚的是整个教育领域的改革必须从早期儿童开始。英语,每个欧洲人都应掌握的第二语言,必须在幼儿园里传授(公立小学本来就是),同样要引导的还有对自然科学的兴趣。现在时常有抱怨称奥地利很少有人对材料学、机械电子学或者细胞生物学即全部MINT专业(数学、信息学、自然科学与工艺学)产生兴趣,这就是长期坚持那一套已经过时的教学方案与职业规划的结果。幼儿园必须变成"研究园",要让孩子们从小就激发出对大自然神奇的好奇心。公立小学也必须设立更多的实验室。

待到诸如此类的措施能够收到成效,通常都需要大约十年时间。而自 2000 年以来奥地利许多教育部门的质量明显倒退,时间已经不等人,该是迎头赶上的时候了。

我们的教育制度中一个主要问题一如既往是过早地进行了筛选,但不是按照才能,而是依照出身。一个 10 岁的孩子是进入普通中学还是文理中学[①],将在很大程度上决定他未来的发展机会与收入水平。在创新竞争日益加剧而出生率不断下降的时代,不能发现或者适当支持有才能的人,而这是我们根本无法承受的损失。

迄今为止拟定的扩大全日制交叉学科学校的措施,尽管有当权政治家信誓旦旦的保证,却仍然举步维艰。引入类似做法更多是在下午的课堂上,还根本谈不上什么真正的全日制交叉学科学校。奥地利 6000 所学校中只有 126

---

① 普通中学系五至九年级的中学,其后大多进入职业培训。文理中学系五至十三年级的中学,通过结业考试者可获得升入高等学校的资格。——译者注

所真正的全日制学校。

阻力在教师工会：教师们对全日制学校的否决权成为一道封锁线。教师们基于其行业工会的动议还可以在新与老的工作权利之间进行选择，这就暴露出一个严峻的问题：学校究竟是为教师还是为学生而开设？

当然，开设全日制学校还存在着场所不足的问题。教育说到底是一个资源问题：近些年来奥地利的教育经费开支从国内生产总值的占比6.2%下降到5.4%，而其中太多部分又流入学校的管理部门。出于无序的竞争与学校体制的割裂，大量经费并没有覆盖到学生身上。据经合组织的统计，进入教育系统的每1欧元只有50分让课堂受益。显然，在学校的官僚体制中存在着很大的改进空间。尽管奥地利教育系统的花费居世界前列，而多年来其成效却不断倒退。我们不惜工本在管理架构上叠床架屋，却将体操、滑雪课程或者用于语言课程的旅游经费一笔勾销。

今天在15岁的孩子中有30%的人已经不能正确阅读。他们因此不能进入职业教育，一生就此被打上社会救济领取者的印记。事后却又投入大量金钱来帮他们修补缺憾,例如通过劳动力市场昂贵的转行培训措施,与其这样,还不如在正确的时刻将钱花在正确的地方,也就是说在他们更为年轻的时候进行更好的投资。

第三级教育因而承受了前两级教育传导下来的缺失:经济界抱怨缺少可以接受培训的学徒,而普通中学的数学或化学都必须重新补课,大学则长期以来不停诉说高级中学学生的水平下降。

正因如此,下述现象简直就是失职:高等学校和许多科研机构包括奥地利科学院十多年以来经费严重不足。这里提供一组数字:巴伐利亚人口为1200万,有18所公立大学和高等艺术学校,在校学生总计18.5万人,公共财政拨款约为40亿欧元。比较一下:奥地利总共21所大学,28.2万名在校学生,预算总计25亿欧元。我们的在校学生更多,理应有更多的管理机构,然而经费却只有巴伐利亚预算的一半多一点。

与成功的邻国地区相比,理工科专业的情况同样令人沮丧:慕尼黑理工大学在校学生2.4万名,2010年财政年度的经费达5.5亿欧元,维也纳理工大学拥有几乎同样多的学生,而预算则仅为2.67亿欧元。苏黎世联邦理工学院在世界上名列前茅,平均34名学生有一位教授,慕尼黑理工大学55名学生有一位教授,维也纳理工则是150名。

并非仅仅出于这些因素退学率才高得惊人:只有44%的学生十年之后(!)才能毕业。很多人其实只是注册而已,因为只有这样才可以获得社会福利,享受"福利待遇"。

上述事实在在都导致奥地利在国际创新比较排名中不断下滑。我们的大学没有一所排名在世界前100名。最新发表的欧盟创新联盟榜上,欧盟27国中奥地利名列第9。2010年与2011年我们分别位居第8,2009年甚至排在第6位。该项研究的作者将奥地利归类为"创新追赶者",乐观者将此喻之为"稍稍落后于领先者",批评者则将之讥讽为"倒退至中场"。在欧盟27国的比较中奥地利低于平均水平的是风险资本或者知识密集型服务的出口。其实,和4个"创新领先国"——瑞典、德国、丹麦与芬兰相比,我们尤其缺乏鼓励创新的文化氛围。

为了确立教育和创新在全社会的中心地位,需要我们高度关注并建立相应的基础设施。如此才能成功释放出必要的资源。但是在奥地利,从事教育研究与投入创新课题的人从来都很难找到知音。对科学家,这种情况或者更为普遍些：对革新者与创新者的自豪感从来就没有十分强烈。而在我们这个国家，运动员、建筑工程师或通俗音乐的明星人物却显然容易获得承认。

在奥地利广大的社会阶层中间对新技术存在着一种根深蒂固的反感，这种情绪又随着反对建造茨维腾多夫核电站、基因技术，或者当前的反对开发页岩气技术的运动高涨起来，其结果是加剧了激发年轻人学习至关重要的MINT（数学、信息学、自然科学与工艺学）专业热情的难度。

本书前已述及王朝时代皇冠与祭坛的联姻，那样的年代里，天主教与小市民阶层的一种陈腐习气犹如霉菌蔓延全社会，这无疑也是造成如今流传甚广的这种厌恶技术与反感精神基本立场的根源。而音乐与木偶剧、轻松消遣与丑角闹剧总会博得公众足够的关注。但当时那种氛围大概持续到19世纪末期，亦即直到创新型奥地利哲学家首次登上舞台为止。

尤其是在维也纳这一区域，从这里开始了20世纪影响巨大的思想解放运动：哲学领域里有莫里茨·施利克、卡尔·波普尔和路德维希·维特根斯坦；经济学理论界有卡尔·门格尔、路德维希·冯·米塞斯、弗里德里希·冯·哈耶克、弗里茨·马赫卢普、欧根·冯·博姆－巴维克、弗里德里希·冯·维塞尔、戈特弗里德·冯·哈伯勒、约瑟夫·阿洛伊斯·熊彼特、奥斯卡·摩根斯特恩以及彼得·F.德鲁克;数学领域有鲁道夫·卡尔纳普、奥托·纽拉特、汉斯·哈恩、卡尔·门格尔和亚伯拉罕·瓦尔德;逻辑学有库尔特·哥德尔、赫伯特·法伊格尔和弗里德里希·魏斯曼;社会学有保罗·拉扎斯菲尔德与汉斯·蔡塞尔;物理学有埃尔温·薛定谔、维克托·弗朗西斯·赫斯和莉泽·迈特纳;精神分析学有西格蒙德·弗洛伊德;个性心理学有阿尔弗雷德·阿德勒;精神病学有朱利叶斯·瓦格纳-尧雷格;医学有洛伦茨·伯勒尔、卡尔·兰德斯坦纳与奥托·勒维;音乐界有古斯塔夫·马勒、阿诺尔德·勋伯格、阿尔班·贝尔格、安东·冯·韦伯恩、恩斯特·克热内克、汉斯·艾斯勒、弗朗兹·莱哈尔、埃默里希·卡尔曼、埃德蒙德·埃斯勒和罗伯特·史托兹;美术界有古斯塔夫·克里姆特、埃贡·席勒、奥斯卡·柯克西卡与阿尔弗雷德·库宾;文学有斯蒂芬·茨威格、约瑟夫·罗特与罗伯特·穆齐尔;戏剧有马克斯·莱因哈特;建筑学有奥托·瓦格纳、科洛·莫泽、约瑟夫·霍夫曼、阿道夫·路斯与克雷蒙斯·霍尔茨迈斯特。此处仅列出其中几位。

在老的奥地利时代他们都产生过影响,1918年以后在奥地利共和国又重放光芒。这些奥地利思想家的特征是大多身处制度开放的起点,其构想的矛头直指奥地利社会长期存在的敌视纯粹抽象思维、敌视突破禁区的现象,从而体现了综合性跨学科的思想。而无论是维也纳哲学家卡尔·波普尔"开放社会"的理论,还是生物学家路德维希·冯·贝尔塔兰费的开放体系理论,抑或赫尔曼·布洛赫的诗作,这样的思想都具有深远的影响。他们正是以这样的方式清晰地表现出奥地利特定的世界观。维也纳医学学派19世纪主张的"虚无主义治疗",以及波普尔将自然科学的怀疑论原理延伸至哲学与社会科学学科均为此例。

而在两次世界大战过程中,许多这样伟大的哲学家、文学家和科学家都移民或被放逐而离开了奥地利,如库尔特·哥德尔、埃里克·坎德尔和卡尔·杰拉西等。这是一次精神上的放血,奥地利从此再也未能真正得到康复。

其实在第一共和国时期还存在着一线机会，可以将两种自豪感结合在一起，即对奥地利思索者的自豪以及对国家的自豪。1918年起维也纳技术博物馆陈列了奥地利优秀发明家的第一批纪念文物。奥地利工程技艺此前已经展现了众多实际成果，他们的成就已经超越其专业领域获得了赞赏：从打字机到卡普兰涡轮机。

相反，科研人员，尤其是基础理论研究人员就很难在自己国家得到承认，甚至在死后也如此，与此同时他们的名声往往已经在世界上流传。此类状况至今依旧：伟大的科学与艺术创新家在奥地利被"发现"之前，通常早已在国外声名远扬。精神分析的发明人西格蒙德·弗洛伊德就是这样一位人物，在其身上体现的是绝对典型的奥地利命运：在自己的国家他从来都不算什么人物，而在美国却名声显赫。维也纳国民经济学派的遭遇告诉我们，哪个国家从这样的局面中获益匪浅，这里姑且不作深究。还可以将这一名单列得更长一些，从细胞生物学家约瑟夫·潘宁格，到量子物理学家安东·蔡林格，再有奥斯卡获奖者迈克尔·哈内克：直到他们在国际上的成就如日中天，奥地利才会有人上前献媚。

今天,国家的重视对一个良好的创新环境是至关重要的。倘若一个国家的领导人表示要将自己的国家打造成创新高地的话,即如新加坡所成功做到的那样,这样的信号比单纯投入资金能够产生更为出色的效果。过去几十年里奥地利在研发上的投入已经明显增加:目前在国内生产总值中的占比为 2.8%。毋庸置疑,这样的投入并不足以解决问题。对生活的任何领域出现产自奥地利的革新,我们都要表现出高度自豪,而不是在背后嘟囔什么"我们要这些有什么用"——这才是一种值得赞许的品质。

研发政策必须关注发明的创新内容,为此必须将研发设施、促进机制以及贴近实际的成果转化紧密结合在一起。奥地利创新史上不乏这样的事例,一些天才的思索者在其成果的利用中功亏一篑。缝纫机的发明人约瑟夫·马德施派格尔,去世前穷困潦倒、无家可归,被送进圣马克斯的养老院。机器脚踏车的发明人约翰·克拉弗格尔生前始终没有稳定的生活保障。彼得·米特尔豪费尔德的打字机专利并非在维也纳,而是在美国才得以获利。

只有在实际的运用上,亦即社会的认可才能将创新同纯粹的发明区别开来。在这一进程中的"软因子",诸如灵机、动力与耐心,正是教育体系必须发挥作用之处。

本书多次提及瑞典与瑞士,这两个国家的改革之路对奥地利而言是值得推荐的。尤其在创新领域:两国都为企业、研究以及教育机构提供了最佳可能的适时的交流网络。企业与大学双方出色地通过互利方式成功实现了紧密的合作。

约翰·肯尼思·加尔布雷思曾说:"一个有教养的国家不会是贫穷的,而一个没有教养的国家与贫穷不会两样。"国民受到何种教育,最终将决定这个国家是否以及如何保持其竞争能力。现代国家应当持续不断地改革,同理,身处数字革命时代的国民应当持续不断地接受教育:谁若具备了相应的素质并不断加以更新和拓展,就具备了保持竞争能力的前提条件。

数字化提供了很多机会。当然它也会诱人贪图安逸:如同工业革命减少了工作中的体力劳动部分一样,电脑减弱了思考,从而减少脑力劳动。然而在另一方面,迄今为止的名师互联网公开课等又开启了意想不到的机会,在全球范围建立了再教育的网络。合理运用并通过全面改革的教育体系的传授,数字化辅助手段将会有助于改进教育与培训,进而为全社会持续且深刻的发展做出贡献。

6 如何延续奇迹

对全球化根深蒂固的怀疑乃至使用军事手段进行抵制通常都是源自无知的恐惧感。历史的教训告诉我们,恐惧从来都是一种拙劣的导向。全球化及其相关的从工业社会向知识社会的过渡开启了新的并且塑造未来的诸多可能性。

如果用一个数字来显示奥地利经济之坚实程度的话，这就是1235亿欧元。2012年奥地利向全世界出口商品总值——归功于有效且有竞争力的工业，其中有着许多"隐形冠军"。在这1235亿当中既有奥地利为德国工业制造的机器，也有为美国超市生产的能量饮料以及为阿塞拜疆地铁建设用的工程机械。这一数字已经再次大大超过了2008年所创纪录，证明了奥地利经济基本结构原则上是健康的。这样的工业基础和区位吸引力应该保持并进一步发展下去。

1913年，第一次世界大战前夕，奥匈帝国的人均出口额仅为法国与德国的三分之一，英国加上爱尔兰的人均出口则为奥匈帝国的4.5倍。只有沙皇俄国的出口额较低。

当然上述数字中并未包含殖民地附属国。本书前已叙述过奥匈帝国工业化蹉跎时日且敷衍塞责的缘由，而这委实为我们落在人后的一个原因。

今天奥地利人均出口额整整15400欧元，出口世界冠军德国为13600欧元，法国为6900欧元，英国（不包括北爱尔兰）为6100欧元，俄国人均仅为4000欧元。明显高于奥地利的国家是瑞士（22300欧元）和挪威（24700欧元）。拥有大型海港的荷兰与比利时这一数字最高分别为29000欧元和32000欧元。繁荣的对外贸易是在相互关联的世界经济中站稳脚跟的王道，尤其对小型国民经济体而言更是如此。

80年代开启的国际化方针结出了硕果，尽管对外部世界来说往往并不清楚何谓奥地利的商品。如施华洛世奇与红牛这样的消费品品牌长久以来被视为"没有产地"的世界品牌。一大批中小企业连同其产品在技术领域赢得了世界领先地位：来自施韦尔特贝格的恩格尔公司的注塑机，来自沃尔福特的多贝玛亚公司的缆车索道，来自林茨的普拉塞尔与托伊尔公司的轨道建设机械，等等。为数众多的类似企业是名副其实的"隐形冠军"，它们在不动声色地拓展其卓有成效的业务,例如来自福拉尔贝格的尤利乌斯·布鲁姆薄膜公司,来自蒂洛尔的普兰泽金属与粘合材料公司,来自上奥地利的专业水处理公司 BWT。据战略专家赫尔曼·西蒙的计算,在奥地利这一类籍籍无名的世界市场领先者每 100 万人就有 13.8 家。瑞士为 13.9 家,德国则以 16 家名列榜首,瑞典为 5.4 家,荷兰是 1.7 家。

奥地利人的心智怎么会产生了如此变化?80 年代初专家们还一遍又一遍地疾呼,与类似国家相比奥地利的人均出口实在太少,出口的半径又太小,国际航线也不足,虽然奥航十分出色。

60 年代与 70 年代就已经确定了这一追赶进程。60 年代起经济界的众多头面人物就不停呼吁"出口非常必要",这种犹如转经筒似的呼声为心智的改变做好了准备,其中尤其归功于长期担任工业协会主席的弗兰茨·约瑟夫·迈尔-京多夫。与此同时,70 年代开始推行的硬通货政策成为经济上的一帖重药,其作用仿佛是在以毒攻毒,正是在经常性项目逆差的背景下发挥了作用。其后,1989 年与 1995 年的两个历史事件大大地推动了国际化的进程:铁幕开启与加入欧盟。

奥地利的外部边界几乎有一半是沿着地缘政治分界线同"东欧集团"相连。铁幕打开之后开始了空前的扩展，特别是向昔日帝国的世袭领地。奥地利的商业网遍及布拉格、布达佩斯、克拉科夫、卢布尔雅那，银行在邻国接二连三地进行收购，工业企业在绿色田野上建造起工厂。奥地利航空公司在新欧洲设立了无与伦比的密集航线：从瓦尔纳到第聂伯罗彼得罗夫斯克，从华沙到贝尔格莱德。东欧开放后奥地利在以下这些国家成为最大的外国投资者：斯洛文尼亚、克罗地亚、塞尔维亚、罗马尼亚和保加利亚。在 2004 年与 2007 年的扩大过程中，除了波兰还有我们的邻国捷克、斯洛伐克、匈牙利和斯洛文尼亚加入了欧盟，三年后保加利亚和罗马尼亚也相继加入。加入欧盟后这些国家的法律保障与增长空间再次获得了极大提升。

此前奥地利于 1995 年加入欧盟即令我们获益匪浅。竞争迫使越来越多的企业走出安逸环境进入欧洲接着又更多地进入欧洲以外的市场。在加入欧盟的那一年，奥地利的出口总额还是 424 亿欧元，在国内生产总值中的占比为三分之一。2012 年即为上述的 1235 亿欧元，差不多是前一数字的 3 倍，已经占国内生产总值的 58%。这样一来，奥地利就明显地高于欧盟27国的平均水平42.4%。奥地利的对外贸易成为国民经济的一根顶梁柱。

80年代奥地利还存在着结构性贸易逆差,主要是因为农产品、能源、机械产品、交通工具以及消费品等部门的严重入超,贸易赤字约为国内生产总值的4%,而2002年与2007年却出现了一些贸易顺差。经常性项目收支因为包含服务业尤其是旅游业(据世界经济论坛统计我们在旅游业中世界排位第3)从2002年起始终是顺差。

年复一年增长的出口成就导致了一种自大与狂热情绪,从而掩盖了数十年来存在的结构缺陷。与出口几乎并存的是进口的上升。其中大部分是能源的进口:奥地利消耗的能源大大超过自身的产量。我们从欧盟进口核能,从俄国进口天然气以及从阿拉伯国家进口石油。能源政策的缺位让我们自食恶果。我们从昔日的电力出口国变成电力进口国。2000年我们的发电量比自身的需求还高出1.4千瓦时。相反,近些年来我们都要进口0.8到6.4千瓦时来填补缺口。

在国际化获得成功之时,我们却错失了时间与机会去扩展水电,水电原本是最为环保并不断再生的能源。而大力推进的生态电力与生物燃料项目过去与现在都是一种歧途。有鉴于此，即便是出于改善经常性项目收支的需要，现在已是推出深思熟虑并具有可操作性的能源政策的最佳时机。

奥地利何以能如此迅速地在经济上向中东欧国家扩展，这里需要做一简要说明。

从中世纪早期开始奥地利便是东方与西方、北方与南方相互交汇的地点。这种交汇当然并不总是以和平的方式。但是至迟随着两位巴本堡王族①与拜占庭公主的联姻，维也纳作为东西方交汇中心的地位开始确立，这一传统一直维系到今天。而在此前，新兴的处于上升期的西方与承载着传统的东方王朝之间的联姻鲜有发生。

16世纪与17世纪奥地利在不断受到土耳其扩展威胁的同时，成为欧洲镇守东方的堡垒。如同三十年战争以及与法国、意大利和普鲁士之间的纷争一样，同高度发达的东方文化的接触——即便这一接触时而是以战争的方式——无疑也在奥地利的认同上留下了印记。

---

① 巴本堡王族是10—13世纪奥地利的统治家族。——译者注

此番中欧的再发现自80年代以来经历了一种多少有点浪漫色彩的复兴过程,已经超越了今日奥地利地区的范围,从米兰到切尔诺维茨,从克拉科夫到的里雅斯特,从萨格勒布到布雷根茨,从雷根斯堡到斯雷姆斯卡米特罗维察,它涵盖了当年的前奥地利地区①以及匈牙利、斯洛伐克、波西米亚、巴伐利亚、南蒂罗尔或格劳宾登。国家的从属在历史的进程中固然变化多端,但对中欧的居民而言毕竟还是这个中欧。而另一方面则是被唤醒并能够重新发现的共同历史。

今天奥地利向中东欧国家的出口占其总额的18%,仍然明显低于德国的份额;而在今后一些年内不会出现新的增长因素。鉴于某些东欧国家的困境,一些在该地区急剧扩张的奥地利企业终究不得不承受亏损。

此处与彼处已经或即将产生一些挫折,而其中部分还要归咎于前往这些国家的淘金者心态,但即便如此,撤离这一地区不管在经济上还是在地缘政治上无论如何都是

---

① 前奥地利地区系指哈布斯堡帝国占领的阿尔萨斯与德国西南部地区(如布赖斯高、上施瓦本等),1648年阿尔萨斯归还法国,1805年剩余的其他地区归属巴登-符腾堡以及巴伐利亚。——译者注

错误的。随着向东开放,奥地利已经重新回归地理上的逻辑。这样的逻辑值得运用。

从奥地利银行的例子可以清楚地看出这一发展进程中的机遇和风险。1855年由当时的财政大臣卡尔·路德维希·冯·布鲁克男爵倡议成立了奥地利信贷银行。即使在东欧开放之前,信贷银行的一个专业领域就是为从事国际业务的客户提供金融服务。在总经理海因里希·特赖歇尔的领导下,该行70年代就开办了国际业务,80年代则率先从事跨境贸易与直接投资的融资业务。

遗憾的是,90年代末信贷银行在并非不得已的情况下被出售给奥地利银行,成为某些人野心勃勃计划的牺牲品,他们本人则从中获利。其后奥地利银行又被贱价抛售给巴伐利亚一家出了问题的银行;接着这两家银行又被转手到了意大利,即联合信贷银行,而该行本身也力所不及。今天奥地利银行变成了一家分支机构,其总部设在马德里。曾经是国家一张金字招牌的信贷银行,就在这样的收购岁月里完全消失。

除了奥地利银行连同其从信贷银行"收购的"大量东欧分支机构以外,还有其他一些维也纳或克拉根福的大型银行，它们也越来越抵制不住前往新兴市场迅速攫取市场份额的诱惑，与此同时却并不顾及其中的风险与自有资本的根基。因为在国内市场盈利太少，国外成功的压力就更大——就是这样有些人将风险远远地抛在了脑后。

奥地利的银行累计资产总额今天已经是国家年度经济总量的三倍。金融危机过程中国家不得不全部或部分地收购了一些银行；而要解决如此巨大的问题最早也要在五到七年之后才能显出端倪。希望金融业重新发挥其应有的作用并且不要再沉迷于资本主义的轮盘赌上，即如华尔街与伦敦城多年来所玩过的那样。银行业的神秘色彩事实上褪去之后就突出了如下必要性，即为实体经济提供高质量的金融服务——如若做不到这一点，银行就没有存在的理由。为逃避本国税收的人提靴拎镫，如此这般的业务战略本来就不会有什么前途。

金融业与实体经济的脱钩导致其严重地丧失了信誉。如同教会根基于信仰，政治建立在可信度的基础之上一样，银行业非常需要信用。此刻正是重建信用的时机。

无可争辩的是，我们的银行过多，网点设立过多，用人过多，在东部过于进取而资本不足，换句话说，我们有太多的银行、网点与人员,在东方设点太多而自有资本太少。在外部环境发生变化并且投入了数十亿税收去救助银行之后,如何以及朝着什么方向发展奥地利的金融地位,对此在奥地利的主管当局中没有人独具慧眼与良策。银行的所有者与管理者可以效仿其他部门,例如奥地利的葡萄酒业、旅游业与工业部门,尤其是保险业其中特别是维也纳保险公司,它们在过去几十年里成就斐然。与以往相比,奥地利经济界的这些部门变得更为强大和成功。

近年来,奥地利对外贸易做出了调整,从发展趋势来看这种调整的方向完全正确。卡尔·艾金尔称之为"近处的全球化"的机会迄今为止利用得不错。"家门口的市场"处理得十分成功。不同的是"远处的全球化",在中国和印度,还有非洲与南美,奥地利还是少有公司去投资建厂。即使是在这一方面,我们也明显地落在瑞典后面,与瑞士相比差距就更大。我们的出口84%是在邻近市场,瑞典是75%,瑞士则为65%。我们不应将这一差距视为不足,而应看作机会与潜力。

今后十年里内需增长空间有限,外贸的重要性将会继续上升;而欧洲市场同样会在较长的时间里疲于克服自身的问题,海外销售市场的重要性因此同样上升。

前提条件当然是我们要有足够的竞争能力,同时必须做好相应的准备来应对如亚洲国家,中国、印度或韩国在文化上的挑战。还有印度尼西亚、巴西或尼日利亚等国,它们的巨大潜力也不容忽略。要想保持国际化的奇迹,我们必须向世界继续开放:有音乐的地方才能跳舞。这并不意味着转移就业岗位,而是维持本国就业岗位的前提。

这样的发展势头会不会改变奥地利在世界上的形象?关于"奥地利品牌"在国外的现状以及如何改善这一问题,几个月来多有讨论。差不多十几年以来瑞士一直通过"瑞士形象"这一委员会向全世界推广瑞士,其影响所及已经超越了阿尔卑斯山、钟表和巧克力的范围。

至于此类塑造形象的活动能否奏效,对此可以进行探讨。瑞士人在打造自身形象上花了很大工夫,而做到这一点并不能依靠"上层"来推广。尽管如此,推广莫扎特圆球巧克力和利比扎马术表演的形象完全值得一试。除了在技术领域中取得世界成就之外,高质量的食品以及饮食文明必须是一个不可或缺的组成部分:倘若各个行业都能像葡萄酒业那样出色的话,我们至少能同瑞士平分秋色了。

显而易见，对奥地利来说，应该重提当年在东西方之间架设桥梁的情景了。约翰·克里斯多夫·阿尔迈尔－贝克1957年在《奥地利是什么？》一书中称，奥地利不仅仅存在于自身，不仅仅存在于其"共生的"各州，也不仅仅存在于其内部的多样性，而是超越这些存在于一个更大的奥地利的理念，正因为此，奥地利融入欧洲更为广泛的生活轨迹。所以，奥地利在精神上与领土上并非是同一的。

这样的特性可以帮助我们超越原先的势力范围，例如，2010年上海世博会期间奥地利就受到了中国领导人异乎寻常的关注。这可能同下述事实有关，即在19世纪里我们从没有像其他国家那样曾经欺凌过这个大国。正因如此，奥地利信贷银行早在80年代就成为中国银行的合作伙伴。双方的合作不仅仅局限于市场营销而且在政治与经济上都迈出了具体的步伐，树立了积极的正面形象。

我们的出口企业自从东欧开放与加入欧盟以来续写了"二战"之后的成功篇章。出口业、农业和旅游业的成绩证明这些部门做好而并非放弃相应的准备，据此，罗伯特·穆齐尔的小说《没有个性的人》中的一些段落今天必须重新改写。

然而下述情况表明我们还缺乏制度化的推动：正像欧盟革新联盟排行榜每年指出的那样，奥地利的风险资本太少。年轻人要想创办企业的话就很难获得贷款，创办企业犹如一项国家事务。面对失败，全社会必须明白，没有任何盈利不存在风险。另一方面，企业家需要遵循这样的准则，只要能够承受亏损就无需惧怕风险。不必将失败视为无能，而至少看作一次尝试。看看红牛初期的艰难岁月就会明白，企业家必须具有水滴石穿的本领。面对挫折、失败乃至破产无需惧怕。

在20世纪90年代与21世纪第一个十年的急速起跑年代之后，近年来批评全球化的声浪日高。但是国际化与结构调整从来都是经济增长的伴生现象，对此我们不应担心。全球化终究极大提升了发达工业国家的富裕程度。今天这些国家国民的平均生活水平都比两百年前的专制时代要好，这是埃瑞克·霍布斯鲍姆所说，这位著名的英国历史学家幼年时曾居住在维也纳。

反对经济全球化只会意味着穷人更加贫穷，持此观点的不仅是美国经济学家保罗·克鲁格曼。一个国家如果逃避了全球化进程，将会出现什么局面，不妨看一下北朝鲜的例子。这个国家是世界上全球化程度最低,同时也最穷的国家之一。同样的情况还有黑非洲的广大地域。

跨国贸易关系早在千年前即已开始,比如,当时会将稀有的锡从阿富汗和伊朗越过安纳托里亚运往美索不达米亚,然后与铜一起制成青铜器。琥珀之路、香路、众多的盐路以及特别是丝绸之路这些早期全球化的路线都已名闻遐迩,其中实现的不仅是以物换物,理所当然的还有文化交流、信息交流,当然也有大量的疾病。

20 世纪最后的三十多年,国际分工、相互依存与相互交织这样的全球化获得了难以置信的动力。通讯与交通技术的革命性发展使得世界日益变成"地球村"。金融市场、商品市场、服务与劳务市场超越了各种政治上的界限更为紧密地交织在一起。越来越多的企业是在那些能够提供最佳条件的地方实现盈利。企业在全球市场的投资也越来越倾向于选择其产品的销售地区,这样的做法可以在当地市场创造必不可少的购买力。其结果是在贫穷国家刺激了社会与经济发展,促使人们留在家乡。从这样的角度来观察,国外直接投资也可以有助于消解世界范围的移民问题。

回顾历史可以看出，全球化并非一条单行道：如果说中国今天是在模仿西方技术的话，只要想想几百年前火药、指南针抑或造纸技术的发明就会知道，这个"中央之国"本身就曾经在技术上领先一步。

我们日常生活中地区性与全球性的相互交集程度，可以用锦绒毡帽的具体事例加以解释：奥塞尔锦绒毡帽使用的一种专有的绒毛产自捷克甚至澳大利亚，然后在葡萄牙或斯洛文尼亚加工成毛坯，最后才在萨尔茨卡默古特制成出售。

对全球化根深蒂固的怀疑乃至使用军事手段进行抵制通常都是源自无知的恐惧感。历史的教训告诉我们，恐惧从来都是一种拙劣的导向。全球化及其相关的从工业社会向知识社会的过渡开启了新的并且塑造未来的诸多可能性。

7 欧洲意识与国家自豪

在这充满挑战的时代里,地区自豪感加上欧洲意识而并非国家自豪感,可能会成为我们一个良好的认同公式。更多的欧洲认同意味着在一定程度上告别法国和意大利,告别波兰与希腊,也同样意味着在一定程度上告别奥地利。

欧洲近些年来展现给世人的形象并非最佳：整治失控金融市场的行动过于迟缓，分析病因及提出解决方案时乱象纷呈，与国民的距离越来越远。对希腊的每次一揽子救助计划看上去都需要再来一次，德国的每次干预在南欧国家眼里皆有纳粹的嫌疑，欧盟对餐馆使用可重复填充的瓶装橄榄油实行毫无理由的禁令是在戏弄欧洲人。

局面很危险。国家债务本是多年来累积形成，随着雷曼兄弟倒闭，金融市场及其引发的混乱局面将这一问题明显放大。整治公共财政因而不可避免。但是许多国家推出的紧缩措施又扼杀了部分健康的经济部门，抑制了经济发展，从而导致了诸多社会后果：外围国家尤其是希腊与西班牙年轻人的失业率畸高，进而萌生了一种绝望情绪并隐藏着暴乱的危险。不少欧盟国家出现了新的民粹主义政治运动,其口号是"退出欧元"甚至"退出欧盟"。试图扼杀一个新事物实在是糟糕。

面对这一局面,很多人抱怨在欧洲这一层级上缺乏强有力的领导人。流传甚广的看法是,无论是欧盟委员会主席还是欧盟理事会主席,抑或欧盟外交与安全政策高级代表的人选都不是一流人物,更谈不上有什么能力去解决面临的巨大问题。

以下所述谨防一种误解:这些领导岗位的人选系由各成员国的国家与政府首脑决定,他们自然害怕这些人选过于强大。在国家一级的领导人越弱,其结果就会导致布鲁塞尔的人选更弱。

然而不能就此抱着怀旧的心理认为,赫尔穆特·科尔、弗朗索瓦·密特朗以及玛格丽特·撒切尔就不曾有过这样的担忧,否则的话,雅克·德洛尔就不会成为欧盟委员会主席。当年欧盟内部大市场刚刚启动之时,德洛尔是一位强有力的委员会主席。而负责内部市场的委员阿瑟·考克菲尔德爵士则是撒切尔的知交。对此人们只能说,今非昔比。

欧洲居民的印象是领导人在日益弱化，对此首先要归咎于民族国家与欧盟这一超国家产物之间的结构关系。各个国家的议会实际上都在力图避免受到欧洲议会的左右，彼此之间缺乏足够的信息交流。国家自我中心比以往任何时候更为强烈，沉溺于民族国家的主权幻觉之中，历史的车轮简直就在倒转。一个国家的元首或政府首脑软弱的话，在选举策略上就会祭起廉价的蛊惑民粹的大旗，以此来煽动或操纵反对欧洲的怨恨情绪。这种人无论如何都会试图阻止在欧洲层面上出现更有魅力、更有行动能力的政治家。其结果是我们总在原地踏步。

摆脱这种困境的出路是否应将更多的权限向欧盟的最高层级让渡，如果回答是肯定的，可以让渡哪些权限呢？思考这一问题十分必要且有其合法性。与此同时应该注意，"更多的欧洲"并不意味着一个更有行动能力的欧洲。如同联邦制的奥地利一样，朝着"欧罗巴合众国"方向的进展一定会有类似的协调问题：欧洲层级上的宪法大会如同奥地利一级的宪法大会一样遭致了失败。在欧盟的一些领域里无疑已经存在着太多的集权：无论是瓦豪杏果酱该用什么名称，还是栽种稀有水果的禁令，抑或是黄瓜应有什么样的弯曲度,等等,诸如此类的问题并不应当在布鲁塞尔一级做出规定。

尽管如此,欧洲内部大市场——包括英国人(从自由贸易区的角度来看)——从纯粹的逻辑出发就需要一种共同的货币。而货币联盟的历史证明,共同的货币反之则需要共同的货币经济。共同的货币经济需要一整套规章制度,同时还有在实施这些规章过程中的监管。

今天有些人将哈布斯堡帝国视为多民族国家的先驱甚或典范,倘若如此就不可忘记,这个多民族国家缺乏一个共同的内部市场,缺乏一个共同的财政政策和一种共同货币,而正因如此才导致了该王朝的脆弱不堪。

民意调查表明,多数欧洲人对进一步深化一体化进程表示质疑,同时也担心民族国家的"权限"会遭到"损害"。要建立政治上的信念还需做大量工作。然而,如何能让奥地利人、德国人、意大利人、法国人、希腊人、丹麦人等坚信通过弱化民族国家来建成更强大的欧洲呢?涉及欧洲的认同时,自身利益是否总是显得更为重要?

欧洲最大的成就就是和平,但事实上,使欧洲的年轻人认识到这一点已经越来越困难。为了不至于淡忘历史就必须不断地重复传授,这也是教育与课堂教学的一项任务。

正是距今一百年前,欧洲开始了第二场类似的三十年战争。两次世界大战,第一次从1914年开始,第二次于1945年结束,主要是欧洲的内战,造成了难以估量的伤亡与破坏。而直到战后年代的短缺岁月里,欧洲(起初也只是西欧,并且多亏了马歇尔计划)才犹如凤凰涅槃获得再生。这块直至1945年还浸泡在血水中的大陆现今已经实现了近七十年的和平,其中欧洲一体化进程的先驱们功不可没:随着1951年成立欧洲煤钢共同体,昔日的宿敌法国与德国将最重要的战争物资置于一个共同的屋顶之下。

多亏了美国的保护伞、维利·勃兰特的东方政策以及赫尔穆特·施密特推动的北约双重决议①,冷战、欧洲大陆的分裂、核威慑均势乃至苏联的最终裂变都能够以一种和平的方式得以解决,只有发生在前南斯拉夫的战争例外。赫尔穆特·科尔与弗朗索瓦·密特朗共同努力使得欧洲

---

① 70年代末,鉴于美苏双方核军备竞赛态势愈演愈烈,时任西德总理的施密特提出并推动北约通过了双重决议,即美苏双方限制在欧洲部署战略武器,维持大体上的均势与平衡。——译者注

继续走向联合。

在第一共和国时期奥地利曾深陷意识形态分裂的鸿沟而处于两极分化的贫困境地，而在欧洲一体化的进程中受惠尤多。1995年加入欧盟以及其后欧盟向东欧与东南欧的扩大，极大地扩充了我们的商贸联系，从而获得了巨大的经济成就。

1995年加入欧盟以来我们的出口增长了两倍，国内生长总值年均增长2.1%。包括2009年在内，即金融与经济危机爆发后的一年，只有一年处于衰退。作为一个小型、开放、技术含量高的发达经济体，奥地利的企业为全世界开发了小产品，无疑我们是欧洲一体化进程的得益者。有鉴于此，经济学家乌尔利希·舒称之为欧洲化与扩大化的红利，此说有理。然而这并非事属必然，本书前一章在谈到成功的国际化时已经指出。欧洲的联合还远远没有完成。

欧元在起始的几年里似乎是成功的货币。为了推动一体化，欧元是必需的。它减少了交易成本，增加了价格透明度并因此促进了竞争，同时也方便了欧洲的旅行：谁还会再带上好几个皮夹子去为汇率伤脑筋？

国际上欧元作为储备货币与美元和日元并列。如果像玛格丽特·撒切尔以及英国人至今还在设想的那样,让欧洲停留在自由贸易区阶段,旧大陆的国家就不可能在国际竞争中发出如现在一般的声音。

现在我们时常听到这样的观点,即一种共同的货币要以普遍的经济同质性为前提,这其实大谬不然。同欧元区一样,美国的各个联邦州或者是具支配地位的区域的经济效益也并非整齐划一。没人可以声称,宾夕法尼亚州或马萨诸塞州或伊利诺伊州同新奥尔良或新墨西哥处在同一水平,但尽管如此,统一仍旧存在。更不必说有着巨大差异的中国这样大国的沿海与内地之间,或者次大陆印度的各邦之间。通过币制这些大国内部在法律与机制上有了一个联结纽带。

成立欧元区时的一个设计缺陷——格哈德·施罗德早在1998年即已充满预感地称作"早产"——是缺少在货币与财政政策上对内对外具有行动能力的共同机制。货币联盟要求或者建立一个共同的国家,如同美国那样;或者具有一种制度化的设计,用以监督财政与金融政策,以及在协调金融与经济政策时对所有成员国规定一项具有约束力的最低标准。对此马斯特里赫特条约虽然做出了相关规定,确立了国家债务与财政赤字的界限,但毕竟杯水车薪,不足以解决问题。尤为严重的是,即便这些规定也没有得到遵守,首当其冲的是欧盟创始国德国与法国出于自身需要将此置之度外。

安格拉·默克尔和弗朗索瓦·奥朗德关于设立欧元区专职主席的提议无疑是正确的步骤。如果能够成立银行与财政联盟的话,欧元区就会有良好的机会不仅成功解决现有的问题,还能争取到更多成员国。今天有不少人从政治上鼓动解散货币联盟,对此德国和奥地利必须清醒地认识到,这究竟会导致什么样的前景:我们自身的货币将会大幅升值,从而产生严重衰退和大量年轻人失业,但并不会因此刺激希腊或葡萄牙的经济振兴。沿着这一思路继续下去,我们甚至可能重新采用蒂罗尔塔勒、下奥地利古尔登、施泰尔克朗①——最终出现一个极度分化的、无论在政治上还是经济上都缺乏行动能力的欧洲。

---

① 蒂罗尔塔勒、下奥地利古尔登、施泰尔克朗均为旧时奥地利地区采用过的货币。——译者注

注意一下世界历史、人口和经济图表就非常清楚欧洲必须凝聚所有的力量。19世纪以来的对抗已经使得欧洲极大地失去其分量。1900年世界人口的19%生活在今天的欧盟国家内,现在差不多是7%,到2050年则只有4%。今天7%人口的经济总量为世界经济总量的25%,同时消耗了占世界社会福利支出的50%。

假如专家们的预测是正确的话,欧洲人口到21世纪中期将会减少,这是世界各大洲中唯一的一个。届时欧洲的平均年龄为50岁,也是世界上老龄化系数最高的地区。所谓的老年依赖型系数——65岁以上的人口占劳动人口的比例——到2050年会超过50%。2010年这一系数为28%。

当然欧盟的国内生产总值高达16.5万亿美元,仍然是世界上最大的统一市场。按购买力平价计算,欧盟人均经济产量是印度的9倍,几乎是中国的4倍,差不多是巴西的3倍。在世界舞台上我们有美国这一强大对手,同时在中国、印度、南韩或巴西之外还出现了新的对手:俄罗斯、印度尼西亚、土耳其或南非,这些国家纯粹因其现有的人口数量与增长趋势已经拥有巨大的发展潜力。

因此，欧盟成员国包括几个最大的国家必须清楚地认识到，倘若单打独斗的话，它们的影响力太小，并不足以在世界舞台上发挥重大作用。迄今为止，国家分散导致的后果是，用埃贡·巴尔的话来说，我们在经济上虽然是一个巨人，但在政治上是一个侏儒，在军事上则是一个可怜虫。

与冷战时期不同，当年连奥地利都还能够实现经济崛起，今天的世界秩序呈现着不稳定的多中心化。在塑造一种新的可以承载的超国家体系时，基于近期的历史，欧洲不仅具有一种特殊的资格而且更负有一种责任。在大国新一轮的全球竞争中，旧大陆要想充当主动的一方而不是被动的一员，欧盟就不仅要能够解决现有的经济问题，而且最终能够推行共同的外交与防务政策。近来在叙利亚武器禁运问题上，这一方面的实际成效已经初露端倪。

不要以为欧洲的防务开支太少，我们的国防预算始终占据世界第2位，在过去二十年里欧洲人的行动能力从未赶上美国人，原因在于我们做不到为了一个共同目标而齐心协力。

在能源供应、原材料与涉及未来经济的核心领域里，小国的劣势尤为明显：欧洲的能源无法自主，就自身而言每个国家委实太小,不足以发挥核心作用。面对近东地区石油输出国或者天然气出口国俄罗斯,我们显然处于下风。

从外部看如此,从内部看就更加明显:教育是涉及未来的另一个关键部门,博洛尼亚进程决定建立一个统一的欧洲高等教育区,开始这一进程以来虽然已经做出了一些一体化的尝试,但效果并不理想。在各个国家内部各个地区的教育规定还无法做到相互承认:即使是在德国,直到现在也才刚刚做到联邦各州之间相互承认各自的教师职位考试。而要在各个国家之间取得突破还远远不够。

基于所有这些理由可以清楚地看到,欧洲必须更好且更有效地组织起来。在全球竞争时代,民族隔离主义是错误的药方。

最近一段时间以来不断出现这样的声音,说欧盟近年来扩大的步伐太快。2004年5月1日,匈牙利、捷克、斯洛文尼亚、斯洛伐克、波兰、波罗的海三国拉脱维亚、立陶宛和爱沙尼亚以及地中海岛国马耳他和塞浦路斯共10个国家成为新成员,三年以后罗马尼亚和保加利亚也加入进来。2013年7月1日,克罗地亚成为欧盟的第28位成员。

2014年1月1日,拉脱维亚成为第18位欧元成员国。

对扩大步伐太快这一说法可以反驳,其实更应关切的是其中一些国家的债务问题。如何扶持这些经济上处于萧条状态的地区重新走向繁荣,美国人早在第二次世界大战之后就在西欧做出了垂范,请看马歇尔计划。要这样做为时总不会太晚。

从大的背景来看,欧洲政治上也在日益密切地一体化,欧洲的边界究竟应设在何处,这个问题显得更为重要,对此必须做出一个清晰的构想。土耳其与乌克兰两个大国属于欧洲吗?

赞同土耳其属于欧洲有着重要的地缘战略与地缘经济上的理由。几千年以来伊斯坦布尔就是一个欧洲城市,过去是,现在依然如此。土耳其人口的平均年龄约30岁,比欧盟28国的平均年龄低整整10岁。即使从安全政策角度来看该国也属于欧洲。

不同的是,乌克兰的情况就麻烦了。美国前国务卿亨利·基辛格论证说,乌克兰这个国家对俄国来说,就如同墨西哥对美利坚合众国一样。其实还需要注解的是:美国人并没有占墨西哥人口的一半,而乌克兰人口的一半则是俄罗斯人。

从另一方面来看,在文化上,如果说到文学或音乐的话,俄国也属于欧洲。无疑,我们希望与俄国实现更加紧密的合作,然而就此并不能从逻辑上做出判断,昔日沙俄帝国应该更为靠近欧盟:这个国家跨越九个时区,面积达1700万平方公里,是澳洲的两倍,其国土过度伸展的危险显而易见。

欧洲能够容纳大国的能力已经处于极限,鉴于现有的情况,必须分别对待:土耳其可以入盟,乌克兰则不。

欧盟向东或东南部扩大的可能性依然存在,而另一方面的可能性也不能排除,即在西部,脱离现有一体化欧盟的情况在涌动。英国首相大卫·卡梅伦已经宣布在2016年就其国家是否留在欧盟举行全民公决。

联合王国数百年来从世界范围的事务中积累了经验、知识和联系,一旦脱离欧盟殊为一大憾事。因为正是英国今天更加需要欧洲大陆,而并非相反。时代在发生变化,更何况伦敦也难以再维持其或许毋庸置疑的世界金融中心的地位。而在长达二十年之久的时间里伦敦曾经毫无争议地拥有这一地位。与此同时,英国同美国之间的特殊关系也不再像过去几十年里那样,如此一来,当年玛格丽特·撒切尔引为支撑、英国坚持自主地位的这两根支柱已经大大削弱。

作为和平与经济成就典范的欧洲要想更紧密地联合起来,需要更多的正能量,只有这样才能建立起一种"欧洲型爱国主义",这样的正能量包括能够发挥象征意义的机制以及能够成为机制的象征。区域与国家之间的多样性固然值得期许,因为我们并不希望搅成一锅粥。但尽管如此,一种欧洲的认同感对于"欧洲大行动"来说不可或缺。例如,实行统一的欧洲护照似乎不失为一个良好的开端,应该迅速付诸实施。

欧洲需要通过选举产生一位欧洲总统,当然这无疑是一个获得广泛认同并具有特别影响力的象征性人物,但是要走到这一步还需要相当长的时间。在这一方面,欧洲必须找到自己的道路,因为白宫总统帝王般的光芒掩盖了美国的政治现实,即共和党人与民主党人之间政治上危险的拥塞停滞。美国1776年的宪法并非为今日的局面而拟定。

但仅仅是直接选举欧洲总统这一举动就可以促使公

民们展开辩论,辩论的焦点为欧洲是什么以及欧洲应该怎么样。2014年起欧盟委员会主席由欧洲议会各党团提名,正如雅克·德洛尔与格哈德·施罗德不久前为《先驱论坛报》撰写的评论中所指出的,这无疑是向正确方向迈出的一步。就其影响而言,欧洲总统这一职位当然显得更为重大,并且是作为一位接受重托的最高统治者,他要有权威,在行动时出手就像意大利总统在处理该国最近发生的政治危机那样。

随着欧盟行政权力的进一步强化,议会同样必须赋予更多权限,与此同时必须实施一种欧洲自身的税收,这样才能从财政上支撑越来越高的欧盟预算。目前欧盟预算占经济总量的1%,为了更好地对相关政策做进一步调整,这一数额明显不足。

除了政治机制外,欧元尽管存在着前已述及的种种设计与操作上的缺陷,但是对欧元区现有的17国来说,仍然是方便旅行与共同经济的一个象征。对于90年代中期出生的人来说欧元是一种理所当然,一个将大陆众多国家连接在一起的显而易见的纽带。倘能成功克服眼下的问题,这样的救助计划甚至能够成为欧洲团结值得骄傲的因素。

本书前文曾详细提及福利国家所面临的种种问题，但即便如此，福利国家现在和将来仍然是欧洲一项巨大的成就。在这方面瑞典曾经走在了前面，瑞典也是社会福利最为膨胀的国家。而在重新纠正这一问题时，瑞典又成为整个欧洲的榜样。我们不是要消除福利国家，而是要从权利与财政支付能力的角度去考虑如何做得更稳妥。面对这一任务，意大利、法国、希腊，当然还有奥地利责无旁贷。

除了上述机制与象征以外，还有大量历经数百年形成的文化因素使得欧洲同生共长。在美术、文学、音乐、戏剧、科学、哲学这些领域里，欧洲的文化彼此之间始终相互影响：从但丁到莎士比亚，从莫里哀到格拉斯，从鹿特丹的伊拉斯谟[①]到哈贝马斯，从维瓦尔第到马勒，从米开朗琪罗到巴塞利兹[②]。如果奥地利人喜欢导演迈克尔·哈内克的

[①] 伊拉斯谟（1469—1536），16 世纪具有重大影响的欧洲学者。——译者注
[②] 乔治·巴塞利兹，德国"新表现主义"代表性艺术家。1938 年生于萨克森，1958 年穿过柏林墙逃到西德。80 年代起其作品逐渐受到人们的关注。——译者注

话,请勿忘记,哈内克的电影讲述的是欧洲故事,同时他的电影是由多个欧洲国家投资拍摄的。如今单一国家的艺术已不复存在。

当然每个欧洲人应该保留自己的民族语言,如同在民族国家中维系自己的方言一样。但是,除此之外为了便于彼此沟通我们还需要一个共同的交流工具,而出于众多理由的考虑,这样的语言应该是英语,仅仅因为英语是世界上使用最多的一个语种,我们就应该做出这一选择。哪怕英国人决定退出欧盟,使用英语的国家还有美国和加拿大,新西兰与澳大利亚。英语是3.4亿人的母语,此外还有10亿人将英语作为第二语言。

尽管亚洲大国中的中国正在经济、政治与文化上崛起,但高度成功的小国新加坡并没有选用中文作为第二语言,因为中文实在过于复杂,无法成为广泛流通的世界语言。因此每个新加坡居民必须学会英语作为第二语言。

因为幼童容易掌握自己的母语,也不难学会第一门外语,有鉴于此必须在学前教育中纳入英语学习。而为高校学生设立的著名的伊拉斯谟项目①,应该尽可能地延伸到所有层级的教育之中,包括职业教育与高校的校外教育领域。

通过采取这类措施,语言,这个一体化的巨大障碍就可以逐渐得以消除。这样做并不是无视其他语言的作用,如法语或德语,意大利语或波兰语,西班牙语或芬兰语。

在第一次世界大战之前奥地利已经出现了一个阶层,这个阶层涵盖面不大,他们的物质生活已经足够丰足,受教育程度良好,自视为世界公民与世界主义者。如果当时常常谈及要有更多世界公民的话,那么今天无论如何应该要有更多的欧洲公民了。而这样做并未损害地区的认同感,无论是克恩腾人或施蒂利亚人,老奥塞尔人或雷策人,维也纳郊区弗洛兹多夫或内城的居民,都是如此。

在这充满挑战的时代里,地区自豪感加上欧洲意识而并非国家自豪感,可能会成为我们一个良好的认同公式。更多的欧洲认同意味着在一定程度上告别法国和意大利,

---

① 伊拉斯谟项目系欧盟发起的一项高等教育交流计划,旨在加强欧洲高等教育质量,通过与第三国的合作,提高欧洲高等教育在世界上的地位,促进跨文化交流与理解。——译者注

告别波兰与希腊,也同样意味着在一定程度上告别奥地利。从政治上来说这十分棘手,因为这也意味着向国家的特殊地位告别,而此前这样的环境已经让我们生活在安逸之中。然而,从逻辑上看来,告别安逸将是奥地利与欧洲前所未有的成功故事的新篇章。

译后记

译者与本书作者汉内斯·安德罗施先生相识多年，在过往的相处与交流中我们几乎只有一个话题，即中国的变革与转型，从未涉及奥地利的问题。2013年年底译者获赠此书后，萌生出翻译成中文的愿望。一来可以借此为我们多年的交往留下一个脚注；二来可以为国人开启一扇视窗，增进对奥地利这个欧洲国度的了解。这样也算弥补了两人交往过程中话题的严重不对称。对译者而言，翻译此书其实也是与作者的一次对话。此书篇幅不长，涉及的范围与领域却十分广博，安德罗施先生论述的着眼点虽是奥地利，但对当下世界包括中国在内的众多国家具有极强的辐射力。译者不揣浅陋罗列几条供诸君参考。

其一,安德罗施写作此书的要旨是阐述奥地利未来发展的七点论纲。纵览全书,译者以为此书的一大精髓是对奥地利近现代历史的浓缩与提炼。从中世纪的欧洲纷争、马丁路德的宗教改革直到20世纪上半叶的两次世界大战,乃至其后的冷战及其终结等等,所有这些不仅左右了奥地利的过去,而且也在持续影响着奥地利的今天与未来。我相信,此书可以帮助我们全面深入地了解奥地利中世纪以来的历史更替、版图变迁与国情盛衰。

其二,在解剖历史、地理、文化及宗教等诸方面影响的基础上,从我们所熟悉的奥地利国民经济学派及其他众多知名的科学家、发明家、学者文人在奥地利的遭遇着手,作者对奥地利国民性入木三分的精到刻画,令译者不时掩卷长思,这其实是安德罗施先生剖解奥地利未来发展的重要入口。作者以其细腻的描绘提示我们,奥地利人在第二次世界大战以后的成功故事恰恰是抓住了新的历史机缘摆脱其历史宿命的结果,同样,奥地利的未来发展需要继续向历史的陈规陋习进行挑战。

其三，在对欧洲尤其是欧盟的政治现实梳理之后，作者对奥地利国内政治的弊端进行了毫不留情的批判。冷战（至少是在欧洲）结束以来，尤其是 2008 年西方国家金融危机爆发后，无论是在经济、社会领域，还是政治领域，不少有识之士正在思考 21 世纪世界面临的新问题——抑或是新形势下的老问题？技术等在日新月异，政治家们却日渐短视；经济全球化在迅猛发展，旧日的格局意识却依旧如沉渣泛起，凡此种种，作者在本书中的这些论述至少可以为我们在这一方面的思考提供新的线索。

其四，作者用了整章篇幅对欧洲新近出现的民粹情绪条分缕析，并对欧洲政坛上民粹主义的鼓噪痛加鞭挞。与此同时，针对奥地利这个位处欧洲的东方与西方、北方与南方之间的国家，又在书中另一处高声疾呼：多一点欧洲意识，少一点国家意识！译者相信，这是一位经历过"二战"、冷战以及欧洲一体化与本轮经济全球化进程的有识之士在提醒自己的同胞：要有更多的欧洲认同！只有这样，奥地利才能同欧洲一起续写成功故事的新的篇章。

　　读者诸君当然都会对奥地利的如画风景，海顿、莫扎特与施特劳斯动听的音乐旋律，还有那美丽的蓝色多瑙河耳熟能详，译者以为，读过此书，奥地利那令人回肠荡气的历史，施华洛世奇、红牛饮料、缆车索道、莫扎特圆球巧克力……这些"奥地利制造"一定可以让您心目中的奥地利形象更为丰满。倘能如此，便是对作者与译者的最佳回报。

晏扬

2014 年 5 月

图书在版编目（CIP）数据

安逸时代的终结：关于奥地利未来的七点论纲／（奥）安德罗施著；晏扬译．—北京：商务印书馆，2014
ISBN 978-7-100-10759-4

Ⅰ．①安… Ⅱ．①安… ②晏… Ⅲ．①奥地利－研究 Ⅳ．① D752.1

中国版本图书馆 CIP 数据核字（2014）第 222999 号

所有权利保留。
未经许可，不得以任何方式使用。

安逸时代的终结
——关于奥地利未来的七点论纲
〔奥〕汉内斯·安德罗施 著
晏扬 译

商 务 印 书 馆 出 版
（北京王府井大街36号 邮政编码100710）
商 务 印 书 馆 发 行
山东临沂新华印刷物流集团
有 限 责 任 公 司 印 制
ISBN 978-7-100-10759-4

2014 年 11 月第 1 版　　开本 890×1240　1/32
2014 年 11 月第 1 次印刷　印张 5.25
定价：39.00 元